本书系2019年度国家哲学社会科学研究一般项目——汉语移动学习资源建设的理论与方法研究（19BYY018）成果

U0651047

语言计算与智能汉语教学

第九卷

汉语口语
分类分级词语表

刘 华/著

外语教学与研究出版社

北京

图书在版编目（CIP）数据

汉语口语分类分级词语表 / 刘华著．-- 北京：外语教学与研究出版社，
2024.4

（语言计算与智能汉语教学；第九卷）

ISBN 978-7-5213-2757-1

Ⅰ.①汉… Ⅱ.①刘… Ⅲ.①汉语－口语－对外汉语教学－教学参考资料

Ⅳ.①H195.4

中国版本图书馆 CIP 数据核字 (2021) 第 130044 号

汉语口语分类分级词语表

HANYU KOUYU FENLEI FENJI CIYUBIAO

出 版 人　王　芳
项目策划　鞠　慧
责任编辑　杨　益
责任校对　张楚玥
装帧设计　姚　军　刘　爽
出版发行　外语教学与研究出版社
社　　址　北京市西三环北路 19 号（100089）
网　　址　https://www.fltrp.com
印　　刷　北京捷迅佳彩印刷有限公司
开　　本　710×1000　1/16
印　　张　11
字　　数　66 千字
版　　次　2024 年 4 月第 1 版
印　　次　2024 年 4 月第 1 次印刷
书　　号　ISBN 978-7-5213-2757-1
定　　价　39.00 元

如有图书采购需求，图书内容或印刷装订等问题，侵权、盗版书籍等线索，请拨打以下电话或关注官方服务号：
客服电话：400 898 7008
官方服务号：微信搜索并关注公众号"外研社官方服务号"
外研社购书网址：https://fltrp.tmall.com

物料号：327570001

记载人类文明
沟通世界文化
www.fltrp.com

一、缘起

目前计算机辅助汉语教学主要集中在现代教育技术、多媒体和网络远程技术的应用上，这些都只是环境、工具等形式上的辅助。真正的智能汉语教学应该是基于语言内容计算的，特别是与汉语信息处理技术密切相关，涉及语料库语言学、句法语义分析、统计语言模型、数据挖掘等领域，主要集中在汉语教学资源的智能开发与利用上，如基于大规模语料库，自动获取词语搭配、计算词语常用度与例句难易度、文本自动分级、智能测试等。

基于语言计算的智能汉语教学研究将为自动化教材编写与学习词典编撰、数字化汉语教学资源建设、智能备课、汉语移动学习等提供重大帮助。

基于大规模汉语教学语料库，针对汉语教学中的听说读写四项基本技能，我们在智能化的影视汉语教学、专门用途汉语教学、多媒体口语常用会话资源建设、阅读分级、作文自动评测以及分级分类常用词表、词汇等级大纲与领域词表建设、汉语移动学习方面，进行了一些创新性的探索[1]。

在此基础上，我们将近年来利用语料库和计算语言学方法进行的汉语教学研究方面的理论思考、资源建设和智能教学方法上的探索，凝练成文，以"语言计算与智能汉语教学"为题，形成了这套多卷本图书。

二、内容介绍

本套书共包括6本理论研究著作和3本汉语教学常用词表。

6本理论研究著作都是基于语料库和语言计算方法的面向智能汉语教学的理论、方法方面的研究成果。

3本汉语教学常用词表则是基于上述理论著作中的语料库和语言计算方法构建

1　详见：www.languagetech.cn

的与商务汉语教学、华语教学、汉语口语教学理论相配套的分类分级的教学资源。

每本书的具体内容简介如下：[2]

（一）《语料库语言学——理论、工具与案例》

该书主要介绍了语料库、语料库语言学的基本概念，语料库建设的原则与方法，语料库加工标注的基本内容，以及该书语料统计所涉及的基本术语与方法。

"汉语助研"[3]是一个综合了语料库建设、检索和统计功能的辅助汉语研究的软件系统，集成了基于语料库方法的汉语字、词、句、篇研究的各项辅助功能。这一系统能很好地满足汉语研究各方面的统计需求，各项功能具有较强的针对性和实用性。

该书主要以"汉语助研"系统的功能说明为例，介绍了语料库各方面的工具应用。同时，提供了各主要功能模块在具体的语言学研究中的使用案例。

大数据+统计+软件，让语言研究更轻松。

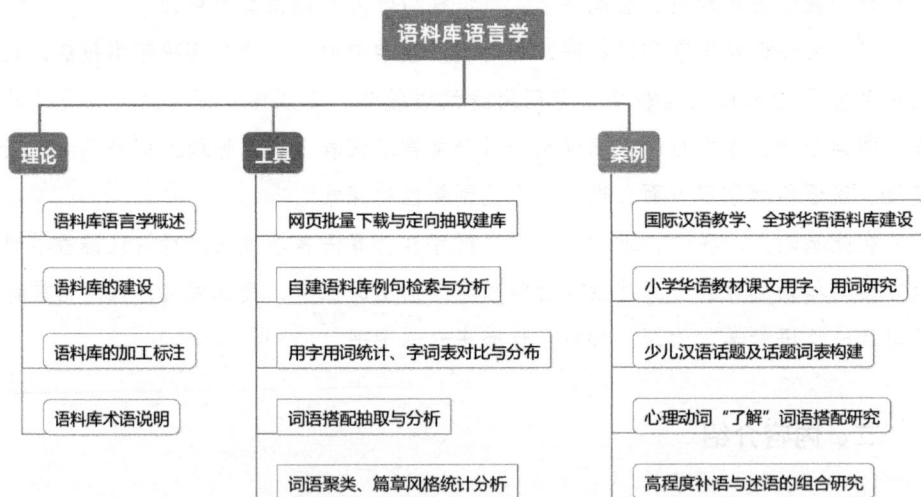

语料库语言学

理论	工具	案例
语料库语言学概述	网页批量下载与定向抽取建库	国际汉语教学、全球华语语料库建设
语料库的建设	自建语料库例句检索与分析	小学华语教材课文用字、用词研究
语料库的加工标注	用字用词统计、字词表对比与分布	少儿汉语话题及话题词表构建
语料库术语说明	词语搭配抽取与分析	心理动词"了解"词语搭配研究
	词语聚类、篇章风格统计分析	高程度补语与述语的组合研究

图1《语料库语言学——理论、工具与案例》章节结构

---

2 本套书将分几年先后成书出版，因此，此序言中各书的内容简介和章节结构图只是大致规划，各书最终的内容和章节结构可能与此有出入，下同。

3 下载网址：www.languagetech.cn

（二）《商务汉语分类分级常用词常用句研究》

该书立足于交际功能，基于商务汉语语料库，以交际图式、心理词库理论为指导，运用计算语言学方法，自上而下地将功能项目、会话、常用句和话题词表等商务汉语的交际因素结合起来，构建了商务汉语教学用功能项目分类的词语表、词汇等级大纲，以及常用句、构式、会话的分类分级资源库，以辅助商务汉语教学。

该书的研究方法可扩展到旅游汉语、中医汉语、电子商务汉语等分领域、分用途的专门用途汉语教学研究中。

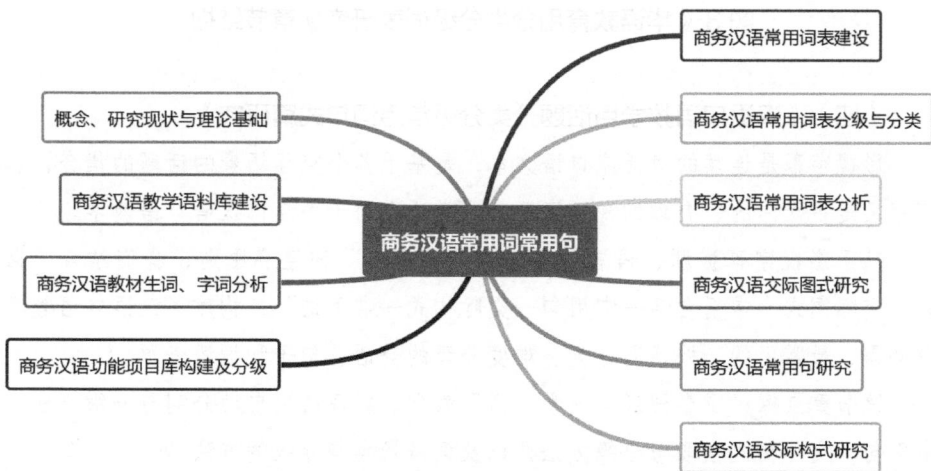

```
概念、研究现状与理论基础                          商务汉语常用词表建设
                                            商务汉语常用词表分级与分类
商务汉语教学语料库建设                             商务汉语常用词表分析
            商务汉语常用词常用句
商务汉语教材生词、字词分析                          商务汉语交际图式研究
                                            商务汉语常用句研究
商务汉语功能项目库构建及分级
                                            商务汉语交际构式研究
```

图2《商务汉语分类分级常用词常用句研究》章节结构

（三）《华语教育用分类分级词表研究》

华语教育用词表的研制应该从华语作为第一语言（或近似第一语言）教学的特性出发，以交际功能为基础，以语文百科为主体，并参照中国中小学生的语文能力标准，兼顾东南亚地区的文化、地域特色词语。

方法上，该书创新了词语分级和词表建设的方法，构建了词汇时空分布模型，基于母语者、华语学习者书面语和口语语料库，计算词语常用度，构建了"华语作为第一语言教学的常用分级词表""少儿华语教学主题分类词表"以及《华语词汇等级大纲》。

3

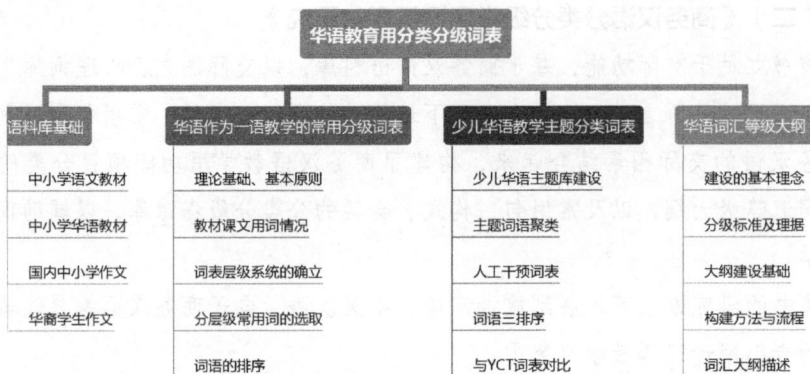

图3《华语教育用分类分级词表研究》章节结构

（四）《汉语口语教学用话题分类分级常用词句式篇研究》

影视字幕是连续的对话流口语文本，是基于各个交际场景的话题的集合，影视频又是多媒体的、有趣的视听资源，非常适合用于多媒体汉语口语教学。

基于影视字幕资源、语言教学的"最简方案"和经济原则，我们结合"话题—交际图式—常用会话—常用句—交际构式—常用词"，构建了汉语口语教学最必需、最常用的，按话题分类、难度分级的会话、句子和词语资源。

该书重点探讨了影视汉语教学、话题教学、影视话题自动分割与分级方法，常用句、交际构式抽取与分级方法，以及词语聚类与分级的方法。

该书对于专门用途汉语教学、话题词表、词汇等级大纲建设有较大参考价值。

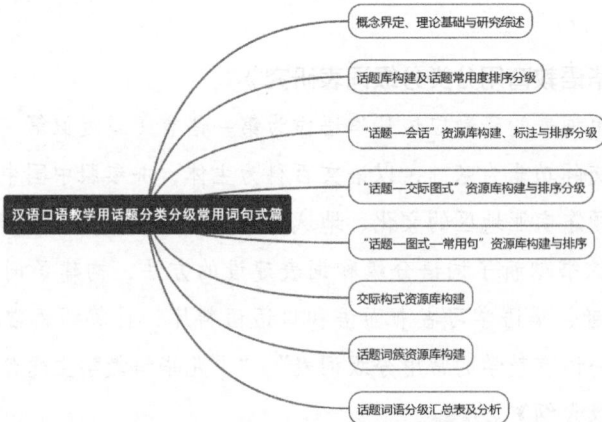

图4《汉语口语教学用话题分类分级常用词句式篇研究》章节结构

（五）《汉语文本易读性分级及作文自动评测研究》

该书研究了影响文本易读性的主客观方面的多种因素，提出了基于内容的文本易读性计算、阅读自动分级、文本指难的整体解决方案。

在作文评测方面，与英语相比，汉语缺乏结构和形态标记，意合性、隐喻性更强，句子表层缺少可计算的语法规律形态和标记。因此，中文文本内容的深层分析和评测更难也更重要。目前，内容批改尚处于字词句的形式统计层面，较少触及作文的真正内容核心。该书在语法查错、语言艺术风格、主题内容、篇章结构计算方面做了一些初步探索。

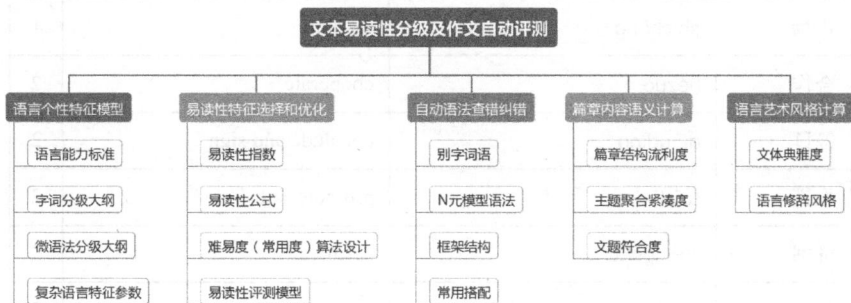

图5《汉语文本易读性分级及作文自动评测研究》章节结构

（六）《汉语移动学习的理论与方法》

该书描写了汉语移动学习的生态、需求，基于汉语教学、移动学习特点，构建了汉语移动学习的三大理论体系；立足于内容计算的词汇时空分布模型与文本分类方法，研制了《汉语口语词汇等级大纲》和话题识别模型，从而构建"等级—水平"话题化、个性化、双向自适应的汉语移动学习模型；最后，基于智能教育、移动学习理念，利用影视短视频，设计了各种类型的APP系统方案。

图6《汉语移动学习的理论与方法》章节结构

（七）《商务汉语分类分级词语表》

包括"商务汉语功能项目分类分级常用词语表"（新BCT词表）和《商务汉语词汇等级大纲》。

"商务汉语功能项目分类分级常用词语表"按照120个商务功能项目，列出各功能项目的常用词语，词语同时配上了拼音、英语注释和在《商务汉语词汇等级大纲》中的等级。

业务类—谈判—代理

地区	dìqū	region	1
市场	shìchǎng	market	1
合作	hézuò	cooperate	2
签订	qiāndìng	conclude and sign	2
推销	tuīxiāo	promote sales	2
证书	zhèngshū	certificate	2
指定	zhǐdìng	appoint	2
厂商	chǎngshāng	manufacturer	3
承担	chéngdān	bear	3
代理	dàilǐ	act for	3
代理人	dàilǐrén	agent	3
独家	dújiā	sole	3

图7 "商务汉语功能项目分类分级常用词语表"示例

《商务汉语词汇等级大纲》包括四个级别，共4515个词条。一级（初级）共497个词条，二级（中级一）共1121个词条，三级（中级二）共1232个词条，四级（高级）共1665个词条。

（八）《华语教育用分类分级词语表》

包括"少儿华语教学主题分类词表"和《华语词汇等级大纲》。

"少儿华语教学主题分类词表"按照59个二级主题，列出各主题的常用词语，共3735个词条，词语同时配上了拼音、英语注释和在《华语词汇等级大纲》中的等级。

个人信息—职业

大夫	dàifu	doctor	1
老师	lǎoshī	teacher	1
学生	xuéshēng	student	1
医生	yīshēng	doctor	1
工作	gōngzuò	work	2
教师	jiàoshī	teacher	2
警察	jǐngchá	police	2

图8"少儿华语教学主题分类词表"示例

《华语词汇等级大纲》分为6个级别，共15,560个词条。

表1《华语词汇等级大纲》各级词条数

级别	一级	二级	三级	四级	五级	六级	汇总
词条数	548	1396	2802	3893	4305	2616	15,560

（九）《汉语口语分类分级词语表》

包括"汉语口语话题分类分级词语表"和《汉语口语词汇等级大纲》。

"汉语口语话题分类分级词语表"按照7个一级话题、42个二级子话题，列出各话题的常用词语，共2382个词条。词语同时配上了拼音、英语注释和在《汉语口语词汇等级大纲》中的等级。

日常生活—银行

笔	bǐ	[for sums of money, financial accounts, etc]	1
存	cún	deposit	1
多少	duōshao	how much, how many	1
号	hào	number	1
块	kuài	[for silver dollars or paper money]	1
名	míng	name	1
钱	qián	money	1
取	qǔ	take, draw	1
元	yuán	*yuan*	1
护照	hùzhào	passport	2
换	huàn	change	2

图9"汉语口语话题分类分级词语表"示例

《汉语口语词汇等级大纲》分为6级，共4461个词条。

表2《汉语口语词汇等级大纲》各级词条数

级别	一级	二级	三级	四级	五级	六级	汇总
词条数	513	938	1200	920	641	249	4461

三、致谢

本套书能够顺利出版，要特别感谢我的学生们。他们为这套书提供了很多素材，有的参与了本套书的校对工作。他们是：

陈珏铭、陈绮琪、党瑞霞、方沁、郭婷婷、何婷、黄荣、黄少如、雷霄、黎景光、黎勇权、李洁、李晓源、梁姗姗、林春晓、刘金凤、陆佳幸、吕荣兰、王敏、叶婉君、于珊、于艳群、俞雪玲、郑婷、周妮感谢外语教学与研究出版社以鞠慧老师、向凤菲老师、杨益老师为代表的强大能干的编辑团队。本套书内容文理交叉、数据庞杂，编辑校对难度较高，工作量很大，编辑老师们为此付出了很多时间和精力。

刘华

2021年6月于暨南大学

目 录

汉语口语词汇等级大纲 / 133

词表建设说明[1]

一、话题库建设与分级

基于留学生生活调查、40余套口语教材话题统计和文献总结，我们选取了日常生活最常用的话题，共7大类（一级话题）、42个小类（二级话题）（如"人际交往—介绍""日常生活—餐饮"）。共分为初、中、高三级，其中初级子话题共32个、中级子话题共40个、高级子话题共33个。

同时，通过统计42个二级话题在各教材中的首现位置和频次来考查话题的常用度，将各类话题按常用度排列。

表1 一、二级话题库示例[2]

大类	小类	代码	说明	初级	中级	高级
人际交往	报警求助	C1	报警、救命、求助	✓	✓	✓
	问候	C2	打招呼、日常问候	✓	✓	✓
	介绍	C3	介绍别人、自我介绍	✓	✓	✓
	打电话	C4	打电话、接电话、通信	✓	✓	
	预约	C5	预约见面	✓	✓	
	拜访接待	C6	见面、拜访、接待	✓	✓	✓
	聚会	C7	聚会、派对	✓	✓	
日常生活	购物	L1	买东西、卖东西			✓
	饮食	L2	订餐、点菜、结账、烹饪	✓	✓	✓
	数字时间	L3	日期、星期、钟点、数字	✓	✓	

---

1 刘华、方沁. 汉语教学用话题库及话题分类影视资源库构建[J].世界汉语教学，2014（3）；刘华. 面向对外汉语教学的话题聚类研究[J]. 外语研究，2008（5）.

2 表中打钩的表示有此级别，空白的表示无此级别。例如"人际交往—打电话"只有初级和中级，没有高级。

（续表）

大类	小类	代码	说明	初级	中级	高级
日常生活	银行	L4	取钱、开户、存钱、换汇	✓	✓	✓
	健康	L5	生病、住院、治疗、买药	✓	✓	✓
	天气	L6	天气、气候、气温	✓	✓	✓
	邮政快递	L7	邮局、寄东西、快递	✓	✓	✓
	租房买房	L8	租房子、买房子	✓	✓	✓
交通旅行	的士打的	T1	打的、叫出租车	✓	✓	✓
	问路指路	T2	问路、指路	✓	✓	✓
	酒店住宿	T3	预订、入住、服务、退房	✓	✓	✓
	订票买票	T4	预订、购买机票和车票	✓	✓	✓
	机场飞机	T5	机场手续、登机、乘飞机	✓	✓	✓
	其他交通	T6	公共汽车、火车、地铁	✓	✓	✓
	海关入境	T7	海关入境手续	✓	✓	✓
	计划准备	T8	旅游和出行的计划和准备	✓	✓	✓
教育学习	课堂学习	E1	课堂学习	✓	✓	✓
	考试比赛	E2	考试、比赛	✓	✓	✓
	课后学习	E3	课后学习		✓	
	家庭教育	E4	家庭教育			✓
休闲娱乐	运动健身	A1	运动、健身	✓	✓	✓
	公园	A2	公园游玩	✓	✓	✓
	电影电视	A3	电影电视、明星	✓	✓	✓
	美容保健	A4	美容美发、保健按摩	✓	✓	✓
	音乐KTV	A5	唱歌、卡拉OK、谈论音乐、KTV	✓	✓	✓
	节日	A6	生日聚会、节假日	✓	✓	✓
情感婚姻	恋爱	F1	恋爱、失恋、分手、约会	✓	✓	✓
	婚姻家庭	F2	求婚、结婚、离婚、家庭	✓	✓	✓
	友情	F3	朋友、友情	✓	✓	✓
	相亲	F4	相亲			✓

（续表）

大类	小类	代码	说明	初级	中级	高级
职场工作	面试求职	B1	招聘、应聘、求职、面试		✓	✓
	工资待遇	B2	工资、待遇、补助		✓	✓
	请假辞职	B3	商务方面的请假、辞职		✓	✓
	日程安排	B4	商务方面的日程安排		✓	✓
	商务会面	B5	商务方面的约会聚会		✓	✓

二、常用会话资源库分类分级

我们以40余套具有代表性的口语教材、250余部当代生活题材的电影电视剧字幕为语料来源，按话题抽取课文或字幕，给每一篇课文或字幕都标注了话题，建设通用领域的日常生活口语会话资源库。

精选库共4300余篇，根据会话难度，共分为初、中、高三级。话题内的会话按与话题的相关度、难易度排序。

三、按话题进行词语聚类

在上述42个子话题中，我们利用词语聚类方法分别聚类出42个话题的词语表，42个词语表汇总后共2291个词条。

例如，"日常生活—银行"话题聚类词表分级排序后如下。其中初级对应《汉语口语词汇等级大纲》中的1、2级，中级对应3、4级，高级则对应5、6级。

（一）初级

表2 初级词语表

词语	等级	词语	等级
笔	1	名	1
存	1	钱	1
多少	1	取	1
块	1	元	1

（续表）

词语	等级	词语	等级
换	2	身份证	2
零钱	2	输	2
美元	2	现金	2
人民币	2	银行	2
号	2	银行卡	2
护照	2	硬币	2

（二）中级

表3 中级词语表

词语	等级	词语	等级
窗口	3	汇	4
存折	3	汇款	4
单	3	货币	4
工资	3	金额	4
换成	3	开户	4
密码	3	利息	4
签	3	签名	4
签字	3	清单	4
填	3	申请	4
外币	3	手续费	4
账户	3	输入	4
转账	3	填写	4
办理	4	外汇	4
保险	4	银子	4
表格	4	证	4
存款	4	证件	4
单子	4	支出	4
兑	4	支付	4
兑换	4	支票	4

（续表）

词语	等级	词语	等级
发放	4	自动取款机	4
股票	4	总额	4
柜台	4		

（三）高级

表4 高级词语表

词语	等级	词语	等级
贬值	5	担保	6
贷款	5	抵押	6
到期	5	额度	6
定期	5	风险	6
兑现	5	积蓄	6
法郎	5	基金	6
费用	5	金融	6
合约	5	理财	6
核对	5	利润	6
核实	5	评估	6
户头	5	签约	6
汇率	5	收益	6
活期	5	条款	6
价值	5	投资	6
交易	5	信用	6
利率	5	信用证	6
率	5	业务	6
营业员	5	佣金	6
资金	5	注销	6
财务	6	资产	6
储蓄	6	资助	6

四、汉语口语词汇等级大纲

我们创新了词语分级和词表建设方法，利用数学中的分布均匀性参数来构建词汇时空分布模型，基于教材、影视字幕和母语者、二语学习者的真实口语语料库，计算词语常用度，构建了《汉语口语词汇等级大纲》。

《汉语口语词汇等级大纲》共6级、4895个词条。

表5 《汉语口语词汇等级大纲》各级词条数

1级	552
2级	968
3级	1229
4级	1165
5级	688
6级	293
总计	4895

汉语口语话题分类分级词语表

人际交往—报警求助

忙	máng	busy	1
请	qǐng	please	1
谢谢	xièxie	thanks	1
医生	yīshēng	doctor	1
医院	yīyuàn	hospital	1
办法	bànfǎ	way	2
帮	bāng	help	2
帮忙	bāngmáng	help	2
帮助	bāngzhù	help	2
救	jiù	save	2
麻烦	máfan	trouble	2
需要	xūyào	need	2
报警	bàojǐng	call the police	3
警	jǐng	police	3
警察	jǐngchá	police	3
救护车	jiùhùchē	ambulance	3
救命	jiùmìng	save sb.'s life	3
派	pài	send	3
请求	qǐngqiú	request	3
求	qiú	beg	3
伤口	shāngkǒu	wound	3
受伤	shòushāng	injury	3
痛苦	tòngkǔ	pain	3
危险	wēixiǎn	danger	3
拜托	bàituō	request sb. to do sth.	4

呼救	hūjiù	call for help	4
求救	qiújiù	cry for help	4
求助	qiúzhù	seek help	4
失踪	shīzōng	be missing	4
要紧	yàojǐn	important	4
晕倒	yūndǎo	faint	4
诊所	zhěnsuǒ	clinic	4
自卫	zìwèi	self-defense	4
绑架	bǎngjià	kidnap	5
歹徒	dǎitú	gangster	5
警卫	jǐngwèi	guard	5
抢劫	qiǎngjié	robbery	5
搜索	sōusuǒ	search	5
突发	tūfā	burst	5
危急	wēijí	critical	5
遗失	yíshī	lose	5
赞助	zànzhù	sponsor	5
协助	xiézhù	assist	6
拯救	zhěngjiù	salvation	6

人际交往—问候

高兴	gāoxìng	happy	1
过	guò	live	1
好	hǎo	good	1
妈妈	māma	mother	1
你好	nǐ hǎo	hello	1
您好	nín hǎo	hello	1
再见	zàijiàn	bye	1
早	zǎo	good morning	1
怎么样	zěnmeyàng	how	1
棒	bàng	excellent	2
变化	biànhuà	change	2
不错	búcuò	pretty good	2
不好意思	bù hǎoyìsi	sorry	2
欢迎	huānyíng	welcome	2
家人	jiārén	family	2
见	jiàn	meet	2
麻烦	máfan	trouble	2
熟	shú	familiar	2
晚安	wǎn'ān	good night	2
问好	wènhǎo	say hello to	2
辛苦	xīnkǔ	hard	2
行	xíng	OK	2
早安	zǎo'ān	good morning	2
最近	zuìjìn	recently	2
保重	bǎozhòng	take care	3

打招呼	dǎ zhāohu	say hello	3
代	dài	be in place of	3
感谢	gǎnxiè	thank	3
礼貌	lǐmào	politeness	3
平安	píng'ān	safe	3
热情	rèqíng	enthusiasm	3
生意	shēngyi	business	3
顺利	shùnlì	smoothly	3
不敢当	bùgǎndāng	I really don't deserve this.	4
打扰	dǎrǎo	disturb	4
恭喜	gōngxǐ	congratulation	4
过奖	guòjiǎng	over praise	4
贺	hè	congratulate	4
近来	jìnlái	recently	4
佩服	pèifu	admire	4
问候	wènhòu	greet	4
包涵	bāohán	excuse	5
道谢	dàoxiè	thank	5
挂念	guàniàn	miss	5
关照	guānzhào	take care of	5
见外	jiànwài	regard sb. as an outsider	5
荣幸	róngxìng	to be honored	5
送别	sòngbié	farewell	5
送行	sòngxíng	see... off	5
幸会	xìnghuì	be honoured/pleased to meet	5
致敬	zhìjìng	pay one's respects to	5

恭维	gōngwéi	compliment	6
寒暄	hánxuān	greetings	6
仰慕	yǎngmù	admire	6
殷勤	yīnqín	hospitality	6
应酬	yìngchou	social intercourse	6
指教	zhǐjiào	advise	6

人际交往—介绍

高兴	gāoxìng	happy	1
家	jiā	home	1
叫	jiào	call	1
口	kǒu	measure word (for people)	1
名	míng	name	1
名字	míngzi	name	1
你好	nǐ hǎo	hello	1
朋友	péngyou	friend	1
人	rén	people	1
认识	rènshi	know	1
谁	shéi	who	1
岁	suì	year (of age)	1
喜欢	xǐhuan	like	1
姓	xìng	surname	1
自己	zìjǐ	oneself	1
爱好	àihào	hobby	2
工作	gōngzuò	work	2
介绍	jièshào	introduce	2
可爱	kě'ài	lovely	2
先生	xiānsheng	sir	2
大方	dàfang	generous	3
了解	liǎojiě	understand	3
名片	míngpiàn	business card	3
年龄	niánlíng	age	3
脾气	píqi	temper	3
热情	rèqíng	enthusiasm	3

13

尊	zūn	respect	3
彼此	bǐcǐ	each other	4
称呼	chēnghu	call	4
初次	chūcì	first time	4
贵姓	guìxìng	surname (polite expression)	4
国籍	guójí	nationality	4
坚强	jiānqiáng	strong	4
来自	láizì	come from	4
乐观	lèguān	optimistic	4
热烈	rèliè	warm	4
特长	tècháng	specialty	4
同事	tóngshì	colleague	4
性格	xìnggé	character	4
职业	zhíyè	occupation	4
主人公	zhǔréngōng	dramatis personae	4
自我	zìwǒ	self	4
沟通	gōutōng	communicate	5
关照	guānzhào	take care of	5
杰出	jiéchū	outstanding	5
口音	kǒuyīn	accent	5
来宾	láibīn	guest	5
前辈	qiánbèi	senior	5
荣幸	róngxìng	to be honored	5
擅长	shàncháng	be good at	5
幸会	xìnghuì	Nice to meet you.	5
出席	chūxí	attend	6
见识	jiànshi	know	6

人际交往—打电话

打电话	dǎ diànhuà	make a phone call	1
电话	diànhuà	telephone	1
话	huà	word	1
回	huí	return	1
忙	máng	busy	1
你好	nǐ hǎo	hello	1
请问	qǐngwèn	excuse me	1
声音	shēngyīn	voice	1
手机	shǒujī	mobile phone	1
听	tīng	hear	1
喂	wèi	hello	1
在	zài	stay	1
挂	guà	hang	2
关机	guān jī	shutdown	2
接	jiē	answer	2
留	liú	leave	2
手机号	shǒujī hào	cell-phone number	2
听到	tīngdào	heard	2
找	zhǎo	look for	2
转	zhuǎn	switch to	2
拨	bō	dial	3
拨打	bōdǎ	dial	3
机主	jīzhǔ	machine owner	3
接听	jiētīng	answer	3
联系	liánxì	contact	3

留言	liúyán	leave a message	3
留言条	liúyán tiáo	note	3
通	tōng	get through	3
长途	chángtú	long-distance	3
转告	zhuǎngào	pass on	3
转接	zhuǎnjiē	transfer	3
便条	biàntiáo	note	4
回复	huífù	reply	4
记录	jìlù	record	4
来电	láidiàn	call	4
提示音	tíshìyīn	cue tone	4
通话	tōnghuà	conversation	4
信号	xìnhào	signal	4
占线	zhànxiàn	busy	4
沟通	gōutōng	communicate	5
线路	xiànlù	line	5
应答	yìngdá	answer	5
传达	chuándá	convey	6
通讯	tōngxùn	communication	6

人际交往—预约

对不起	duìbuqǐ	sorry	1
记	jì	remember	1
今天	jīntiān	today	1
可以	kěyǐ	OK	1
空	kòng	free time	1
忙	máng	busy	1
明天	míngtiān	tomorrow	1
哪	nǎ	where	1
哪儿	nǎr	where	1
时间	shíjiān	time	1
晚上	wǎnshang	night	1
星期天	xīngqītiān	Sunday	1
一起	yìqǐ	together	1
再见	zàijiàn	bye	1
中午	zhōngwǔ	noon	1
不行	bùxíng	no way	2
出发	chūfā	set out	2
答应	dāying	promise	2
等	děng	wait	2
方便	fāngbiàn	convenient	2
改	gǎi	change	2
见	jiàn	meet	2
见面	jiànmiàn	meet	2
接	jiē	answer	2
时候	shíhou	time	2

有空	yǒu kòng	available	2
约	yuē	make an appointment	2
周末	zhōumò	weekend	2
安排	ānpái	arrange	3
抱歉	bàoqiàn	sorry	3
聚	jù	gather	3
邀请	yāoqǐng	invite	3
事先	shìxiān	prior	4
约会	yuēhuì	date	4
赏脸	shǎngliǎn	do sb. the honor of	5
预约	yùyuē	make an appointment	5
应邀	yìngyāo	on invitation	6

人际交往—拜访接待

到	dào	reach	1
看	kàn	see	1
来	lái	come	1
礼物	lǐwù	gift	1
你好	nǐ hǎo	hello	1
您好	nín hǎo	hello	1
身体	shēntǐ	body	1
叔叔	shūshu	uncle	1
送	sòng	give	1
岁	suì	year (of age)	1
谢谢	xièxie	thanks	1
再见	zàijiàn	bye	1
早	zǎo	good morning	1
走	zǒu	walk	1
坐	zuò	sit	1
阿姨	āyí	aunt	2
不客气	bú kèqi	you're welcome	2
等	děng	wait	2
干杯	gānbēi	cheers	2
欢迎	huānyíng	welcome	2
客气	kèqi	polite	2
请进	qǐng jìn	come in, please	2
有空	yǒu kòng	available	2
约	yuē	make an appointment	2
祝	zhù	wish	2

伯父	bófù	uncle	3
伯母	bómǔ	aunt	3
欢迎光临	huānyíng guānglín	welcome	3
泡茶	pàochá	make tea	3
平安	píng'ān	safe	3
舒服	shūfu	comfortable	3
送客	sòngkè	see a guest off	3
小意思	xiǎoyìsi	small token of kindly feelings	3
尊敬	zūnjìng	respect	3
做客	zuòkè	be a guest	3
打扰	dǎrǎo	disturb	4
告辞	gàocí	take leave	4
接风	jiēfēng	welcome	4
介意	jièyì	mind	4
离别	líbié	farewell	4
迎接	yíngjiē	meet	4
恭候	gōnghòu	await	5
后会有期	hòuhuìyǒuqī	see you around	5
见外	jiànwài	regard sb. as an outsider	5
破费	pòfèi	spend money	5
前辈	qiánbèi	senior	5
探望	tànwàng	visit	5
宴请	yànqǐng	banquet	5
宴席	yànxí	banquet	5
招待	zhāodài	entertain	5
珍重	zhēnzhòng	treasure	5
怠慢	dàimàn	neglect	6

接风洗尘	jiēfēng xǐchén	give a dinner of welcome	6
来访	láifǎng	visit	6
盛情	shèngqíng	hospitality	6
致辞	zhìcí	speech	6

人际交往—聚会

唱	chàng	sing	1
吃	chī	eat	1
干	gān	cheers	1
歌	gē	song	1
好	hǎo	good	1
喝	hē	drink	1
酒	jiǔ	alcohol	1
礼物	lǐwù	gift	1
送	sòng	give	1
喜欢	xǐhuan	like	1
吹	chuī	blow	2
蛋糕	dàngāo	cake	2
干杯	gānbēi	cheers	2
欢迎	huānyíng	welcome	2
健康	jiànkāng	healthy	2
客气	kèqi	polite	2
快乐	kuàilè	happy	2
漂亮	piàoliang	beautiful	2
切	qiē	cut	2
生日	shēngrì	birthday	2
晚会	wǎnhuì	evening party	2
希望	xīwàng	wish	2
愉快	yúkuài	cheerful	2
祝	zhù	wish	2
最近	zuìjìn	recently	2

长寿	chángshòu	long-lived	4
鼓掌	gǔzhǎng	applause	3
聚	jù	gather	3
蜡烛	làzhú	candle	3
聊	liáo	chat	3
幸福	xìngfú	happiness	3
友情	yǒuqíng	friendship	3
掌声	zhǎngshēng	applause	3
凑热闹	còu rènao	join in the fun	4
恭喜	gōngxǐ	congratulation	4
光临	guānglín	presence	4
敬	jìng	offer politely	4
聚会	jùhuì	party	4
庆祝	qìngzhù	celebrate	4
心意	xīnyì	kindly feelings	4
宴会	yànhuì	banquet	4
友谊	yǒuyì	friendship	4
招呼	zhāohu	greet	4
祝贺	zhùhè	congratulate	4
祝愿	zhùyuàn	wish	4
会见	huìjiàn	meet with	5
许愿	xǔyuàn	vow	5
压惊	yājīng	help sb. get over a shock	5
尊贵	zūnguì	honorable	5
庆贺	qìnghè	celebrate	6
习俗	xísú	custom	6

日常生活—购物

白色	báisè	white	1
本	běn	measure word (for book)	1
长	cháng	long	1
超市	chāoshì	supermarket	1
车	chē	car	1
穿	chuān	wear	1
打	dǎ	hit	1
大	dà	big, large	1
东西	dōngxi	thing	1
短	duǎn	short	1
个	gè	measure word	1
黄色	huángsè	yellow	1
价	jià	price	1
件	jiàn	piece	1
角	jiǎo	*jiao*, a fractional unit of money in China (=1/10 of a *yuan* or 10 *fen*)	1
斤	jīn	*jin*	1
看	kàn	see	1
块	kuài	*yuan*	1
蓝色	lánsè	blue	1
买	mǎi	buy	1
卖	mài	sell	1
钱	qián	money	1
双	shuāng	measure word (for shoes)	1

甜	tián	sweet	1
条	tiáo	measure word (for trousers, skirts)	1
小	xiǎo	small	1
鞋	xié	shoe	1
要	yào	want	1
元	yuán	*yuan*	1
这个	zhège	this one	1
按	àn	according to	2
包	bāo	bag	2
打折	dǎzhé	discount	2
地图	dìtú	map	2
店	diàn	store	2
贵	guì	expensive	2
号	hào	size	2
换	huàn	change	2
紧	jǐn	tight	2
裤子	kùzi	trousers	2
亮	liàng	bright	2
零钱	língqián	small change	2
便宜	piányi	cheap	2
裙子	qúnzi	skirt	2
试	shì	try	2
瘦	shòu	thin	2
现金	xiànjīn	cash	2
选	xuǎn	choose	2
颜色	yánsè	color	2

衣服	yīfu	clothes	2
找	zhǎo	look for	2
折	zhé	discount	2
暗	àn	dark	3
产	chǎn	produce	3
尝	cháng	taste	3
衬衣	chènyī	shirt	3
成本	chéngběn	cost	3
底价	dǐjià	floor price	3
发票	fāpiào	invoice	3
肥	féi	loose	3
付款	fùkuǎn	pay	3
购物卡	gòuwù kǎ	shopping card	3
合适	héshì	appropriate	3
会员卡	huìyuán kǎ	membership card	3
货	huò	goods	3
价格	jiàgé	price	3
价钱	jiàqián	price	3
降低	jiàngdī	reduce	3
进口	jìnkǒu	import	3
砍价	kǎnjià	bargain	3
亏本	kuīběn	loss money	3
牌子	páizi	brand	3
批发价	pīfā jià	trade price	3
品牌	pǐnpái	brand	3
商场	shāngchǎng	market	3

上涨	shàngzhǎng	rise	3
生产	shēngchǎn	produce	3
试衣间	shìyījiān	fitting room	3
收银台	shōuyíntái	cashier	3
退	tuì	return	3
小票	xiǎopiào	receipt	3
新款	xīnkuǎn	new style	3
信用卡	xìnyòngkǎ	credit card	3
折扣	zhékòu	discount	3
包装	bāozhuāng	packing	4
保质期	bǎozhìqī	quality guarantee period	4
畅销	chàngxiāo	sell well	4
成交	chéngjiāo	deal	4
秤	chèng	balance	4
穿着	chuānzhuó	what one wears	4
盗版	dàobǎn	pirate	4
购物	gòuwù	shopping	4
货比三家	huò bǐ sān jiā	shop around	4
价位	jiàwèi	price	4
讲价	jiǎngjià	bargain	4
降价	jiàngjià	reduce price	4
开张	kāizhāng	opening	4
款	kuǎn	style	4
款式	kuǎnshì	style	4
零售	língshòu	retail	4
论	lùn	by	4

名贵	míngguì	valuable	4
批发	pīfā	wholesale	4
实惠	shíhuì	tangible benefits	4
实用	shíyòng	practical	4
适合	shìhé	fit	4
售后服务	shòuhòu fúwù	after-sale service	4
售货员	shòuhuòyuán	salesperson	4
售价	shòujià	selling price	4
讨价还价	tǎojià huánjià	bargain	4
退换	tuìhuàn	return and exchange	4
销量	xiāoliàng	sales volume	4
小贩	xiǎofàn	hawker	4
优惠	yōuhuì	discount	4
涨价	zhǎngjià	rise in price	4
支付	zhīfù	pay	4
支票	zhīpiào	check	4
质量	zhìliàng	quality	4
保修	bǎoxiū	guarantee	5
报价	bàojià	quote	5
出产	chūchǎn	produce	5
促销	cùxiāo	promotion	5
订购	dìnggòu	order	5
分期	fēnqī	by stages	5
积分	jīfēn	accumulate points	5
交易	jiāoyì	transaction	5
经典	jīngdiǎn	classic	5

拍卖	pāimài	auction	5
赔偿	péicháng	compensate for	5
品质	pǐnzhì	quality	5
商家	shāngjiā	business	5
商业	shāngyè	business	5
试用	shìyòng	on trial	5
收据	shōujù	receipt	5
缩水	suōshuǐ	shrink	5
投诉	tóusù	complaint	5
推荐	tuījiàn	recommend	5
尾款	wěikuǎn	tail money	5
嫌	xián	complain of	5
消费	xiāofèi	consume	5
型号	xínghào	model	5
样式	yàngshì	style	5
营业	yíngyè	do business	5
质地	zhìdì	texture	5
走私	zǒusī	smuggle	5
代理	dàilǐ	agent	6
代理权	dàilǐquán	dealership	6
档次	dàngcì	grade	6
维修	wéixiū	repair	6
赠送	zèngsòng	give	6

日常生活—饮食

菜	cài	dish	1
茶	chá	tea	1
吃	chī	eat	1
吃饭	chīfàn	have dinner	1
点	diǎn	order	1
饿	è	hungry	1
饭	fàn	rice	1
饭店	fàndiàn	restaurant	1
放	fàng	put	1
喝	hē	drink	1
加	jiā	add	1
酒	jiǔ	alcohol	1
空	kòng	free time	1
筷子	kuàizi	chopsticks	1
买单	mǎidān	pay the bill	1
米饭	mǐfàn	steamed rice	1
钱	qián	money	1
肉	ròu	meat	1
上	shàng	serve	1
收	shōu	collect	1
水	shuǐ	water	1
汤	tāng	soup	1
位	wèi	measure word (for people)	1
咸	xián	salty	1
鱼	yú	fish	1

桌子	zhuōzi	table	1
坐	zuò	sit	1
座	zuò	seat	1
做饭	zuòfàn	cook	1
包间	bāojiān	private room	2
饱	bǎo	full	2
冰	bīng	ice	2
菜单	càidān	menu	2
餐	cān	meal	2
餐馆	cānguǎn	restaurant	2
餐厅	cāntīng	restaurant	2
炒	chǎo	fry	2
醋	cù	vinegar	2
刀子	dāozi	knife	2
订	dìng	book	2
顿	dùn	measure word (for meal)	2
干杯	gānbēi	cheers	2
锅	guō	pot	2
饺子	jiǎozi	dumpling	2
苦	kǔ	bitter	2
盘	pán	plate	2
啤酒	píjiǔ	beer	2
苹果	píngguǒ	apple	2
瓶	píng	bottle	2
青菜	qīngcài	green vegetables	2
烧	shāo	burn	2

食物	shíwù	food	2
酸	suān	acid	2
糖	táng	sugar	2
外卖	wàimài	take-out food	2
碗	wǎn	bowl	2
味	wèi	taste	2
味道	wèidào	taste	2
现金	xiànjīn	cash	2
香	xiāng	fragrant	2
饮料	yǐnliào	drinks	2
炸	zhá	fry	2
桌	zhuō	table	2
座位	zuòwèi	seat	2
饼	bǐng	cake	3
菜谱	càipǔ	menu	3
叉子	chāzi	fork	3
尝	cháng	taste	3
橙汁	chéngzhī	orange juice	3
打包	dǎbāo	pack	3
大堂	dàtáng	lobby	3
淡	dàn	tasteless	3
豆浆	dòujiāng	soybean milk	3
豆沙	dòushā	red bean paste	3
发票	fāpiào	invoice	3
蜂蜜	fēngmì	honey	3
服务员	fúwùyuán	waiter	3

糕	gāo	cake	3
果汁	guǒzhī	fruit juice	3
过期	guòqī	past due	3
壶	hú	pot	3
火锅	huǒguō	hot pot	3
结账	jiézhàng	pay the bill	3
渴	kě	thirsty	3
客	kè	guest	3
辣	là	spicy	3
辣椒	làjiāo	chili	3
榴梿	liúlián	durian	3
麻辣	málà	spicy and hot	3
埋单	máidān	pay the bill	3
馒头	mántou	steamed bun	3
美味	měiwèi	delicious	3
拿手菜	náshǒu cài	chef's recommendation	3
浓	nóng	strong	3
泡面	pàomiàn	instant noodles	3
请客	qǐngkè	treat	3
薯条	shǔtiáo	French fries	3
特产	tèchǎn	specialty	3
位子	wèizi	seat	3
西餐	xīcān	western-style food	3
鲜	xiān	fresh	3
消化	xiāohuà	digest	3
腥	xīng	fishy	3

汁	zhī	juice	3
中餐	zhōngcān	Chinese food	3
保鲜	bǎoxiān	retain freshness	4
吃饱喝足	chībǎo hēzú	eat and drink to one's satisfaction	4
大厨	dàchú	chef	4
地道	dìdao	from the place noted for the product	4
碟	dié	plate	4
饭盒	fànhé	lunch box	4
风味	fēngwèi	flavor	4
惯	guàn	be used to	4
姜	jiāng	ginger	4
接风	jiēfēng	welcome	4
开饭	kāifàn	serve a meal	4
烤肉	kǎoròu	barbecue	4
可口	kěkǒu	delicious	4
口味	kǒuwèi	flavor	4
礼节	lǐjié	etiquette	4
慢用	màn yòng	take your time	4
腻	nì	greasy	4
柠檬	níngméng	lemon	4
热腾腾	rèténgténg	steaming hot	4
烧饼	shāobing	Chinese style baked roll	4
涮	shuàn	scald thin slices of meat in boiling water	4
套餐	tàocān	set meal	4
甜品	tiánpǐn	dessert	4

调味	tiáowèi	flavor	4
味精	wèijīng	monosodium glutamate	4
养生	yǎngshēng	preserve one's health	4
饮食	yǐnshí	diet	4
用餐	yòngcān	have meals	4
油炸	yóuzhá	fry	4
账单	zhàngdān	bill	4
招牌	zhāopai	sign	4
粥	zhōu	porridge	4
主食	zhǔshí	staple food	4
做东	zuòdōng	host	4
煲	bāo	stew	5
羹	gēng	soup	5
好评	hǎopíng	praise	5
咀嚼	jǔjué	chew	5
破费	pòfèi	spend money	5
清爽	qīngshuǎng	refreshing	5
上头	shàngtóu	(of alcohol) go to one's head	5
手艺	shǒuyì	craft	5
酥	sū	crisp	5
推荐	tuījiàn	recommend	5
宴席	yànxí	banquet	5
出席	chūxí	attend	6
档次	dàngcì	grade	6
火候	huǒhou	duration and degree of heating, cooking, smelting, etc.	6
烹饪	pēngrèn	cook	6
挑食	tiāoshí	be particular about food	6

日常生活—数字时间

半	bàn	half	1
差	chà	short of	1
点	diǎn	o'clock	1
多	duō	many	1
二	èr	two	1
分	fēn	minute	1
分钟	fēnzhōng	minute	1
几	jǐ	several	1
今年	jīnnián	this year	1
今天	jīntiān	today	1
九	jiǔ	nine	1
空	kòng	free time	1
快	kuài	fast	1
六	liù	six	1
慢	màn	slow	1
明天	míngtiān	tomorrow	1
年	nián	year	1
七	qī	seven	1
日	rì	day	1
三	sān	three	1
上午	shàngwǔ	morning	1
十	shí	ten	1
时间	shíjiān	time	1
手表	shǒubiǎo	wrist watch	1
四	sì	four	1

晚	wǎn	late	1
晚上	wǎnshang	night	1
五	wǔ	five	1
下	xià	next	1
下午	xiàwǔ	afternoon	1
现在	xiànzài	now	1
星期	xīngqī	week	1
星期日	xīngqīrì	Sunday	1
星期天	xīngqītiān	Sunday	1
星期五	xīngqīwǔ	Friday	1
一	yī	one	1
月	yuè	month	1
早	zǎo	good morning	1
早上	zǎoshang	morning	1
钟	zhōng	clock	1
周	zhōu	week	1
昨天	zuótiān	yesterday	1
号	hào	date	2
后天	hòutiān	the day after tomorrow	2
零	líng	zero	2
秒	miǎo	second	2
前天	qiántiān	the day before yesterday	2
时候	shíhou	time	2
小时	xiǎoshí	hour	2
周末	zhōumò	weekend	2
准	zhǔn	accurate	2

最近	zuìjìn	recently	2
百万	bǎiwàn	million	3
表	biǎo	watch	3
长度	chángdù	length	3
刻	kè	quarter	3
礼拜	lǐbài	week	3
日历	rìlì	calendar	3
整	zhěng	whole	3
差距	chājù	disparity	4
农历	nónglì	lunar calendar	4
日期	rìqī	date	4
相差	xiāngchà	differ	4
阳历	yánglì	solar calendar	4
亿	yì	a hundred million	4
阴历	yīnlì	lunar calendar	4
月份	yuèfèn	month	4
整点	zhěngdiǎn	o'clock	4
整数	zhěngshù	integer	4
截至	jiézhì	by	5
累计	lěijì	add up	5
月初	yuèchū	beginning of the month	5
直径	zhíjìng	diameter	5

日常生活—银行

存	cún	deposit	1
多少	duōshao	how many/much	1
块	kuài	*yuan*	1
名	míng	name	1
钱	qián	money	1
取	qǔ	take	1
元	yuán	*yuan*	1
号	hào	number	2
护照	hùzhào	passport	2
换	huàn	change	2
零钱	língqián	small change	2
美元	měiyuán	US dollar	2
人民币	rénmínbì	RMB	2
身份证	shēnfènzhèng	ID card	2
输	shū	input	2
现金	xiànjīn	cash	2
银行	yínháng	bank	2
银行卡	yínháng kǎ	bank card	2
硬币	yìngbì	coin	2
窗口	chuāngkǒu	window	3
存折	cúnzhé	bankbook	3
单	dān	bill	3
工资	gōngzī	salary	3
换成	huànchéng	change to	3
密码	mìmǎ	password	3

签	qiān	sign	3
签字	qiānzì	sign	3
填	tián	fill in	3
外币	wàibì	foreign currency	3
账户	zhànghù	account	3
转账	zhuǎnzhàng	transfer accounts	3
办理	bànlǐ	handle	4
保险	bǎoxiǎn	insurance	4
表格	biǎogé	form	4
存款	cúnkuǎn	deposit	4
单子	dānzi	list	4
兑	duì	exchange	4
兑换	duìhuàn	exchange	4
发放	fāfàng	grant	4
股票	gǔpiào	shares	4
柜台	guìtái	counter	4
汇	huì	remit	4
汇款	huìkuǎn	remittance	4
货币	huòbì	currency	4
金额	jīn'é	amount of money	4
开户	kāihù	open an account	4
利息	lìxī	interest	4
签名	qiānmíng	signature	4
清单	qīngdān	detailed list	4
申请	shēnqǐng	apply	4
手续费	shǒuxùfèi	service fee	4

输入	shūrù	input	4
填写	tiánxiě	fill in	4
外汇	wàihuì	foreign exchange	4
银子	yínzi	silver	4
证	zhèng	card	4
证件	zhèngjiàn	credentials	4
支出	zhīchū	expenditure	4
支付	zhīfù	pay	4
支票	zhīpiào	check	4
自动取款机	zìdòng qǔkuǎnjī	automated teller machine (ATM)	4
总额	zǒng'é	total amount	4
贬值	biǎnzhí	depreciate	5
贷款	dàikuǎn	loan	5
到期	dàoqī	expire	5
定期	dìngqī	regular	5
兑现	duìxiàn	cash (a cheque, etc.)	5
法郎	fǎláng	franc	5
费用	fèiyòng	cost	5
合约	héyuē	contract	5
核对	héduì	check	5
核实	héshí	verify	5
户头	hùtóu	account	5
汇率	huìlǜ	exchange rate	5
活期	huóqī	current	5
价值	jiàzhí	value	5
交易	jiāoyì	transaction	5

利率	lìlǜ	interest rate	5
率	lǜ	rate	5
营业员	yíngyèyuán	sales clerk	5
资金	zījīn	capital	5
财务	cáiwù	finance	6
储蓄	chǔxù	savings	6
担保	dānbǎo	guarantee	6
抵押	dǐyā	mortgage	6
额度	édù	quota	6
风险	fēngxiǎn	risk	6
积蓄	jīxù	savings	6
基金	jījīn	fund	6
金融	jīnróng	finance	6
理财	lǐcái	manage money matters	6
利润	lìrùn	profit	6
评估	pínggū	assess	6
签约	qiānyuē	sign a contract	6
收益	shōuyì	profit	6
条款	tiáokuǎn	clause	6
投资	tóuzī	invest	6
信用	xìnyòng	credit	6
信用证	xìnyòngzhèng	letter of credit	6
业务	yèwù	business	6
佣金	yòngjīn	commission	6
注销	zhùxiāo	cancel	6
资产	zīchǎn	asset	6
资助	zīzhù	fund	6

日常生活—健康

吃	chī	eat	1
次	cì	time	1
打	dǎ	hit	1
大夫	dàifu	doctor	1
高	gāo	high, tall	1
叫	jiào	call	1
看	kàn	see	1
看病	kànbìng	see the doctor	1
颗	kē	measure word (for small and round things)	1
买	mǎi	buy	1
拿	ná	take	1
身体	shēntǐ	body	1
送	sòng	give	1
疼	téng	hurt	1
痛	tòng	pain	1
牙	yá	tooth	1
医生	yīshēng	doctor	1
医院	yīyuàn	hospital	1
怎么	zěnme	how	1
重	zhòng	heavy	1
嘴	zuǐ	mouth	1
得	dé	get	2
发烧	fāshāo	have a fever	2
挂	guà	hang	2

挂号	guàhào	register	2
盒	hé	measure word (for medicine)	2
健康	jiànkāng	healthy	2
结果	jiéguǒ	result	2
咳嗽	késou	cough	2
拉肚子	lādùzi	suffer from diarrhea	2
力气	lìqi	strength	2
粒	lì	measure word (for pill)	2
陪	péi	accompany	2
片	piàn	measure word (for pill)	2
瓶	píng	bottle	2
伤	shāng	injury	2
烧	shāo	burn	2
生病	shēngbìng	fall ill	2
腿	tuǐ	leg	2
问题	wèntí	problem	2
小心	xiǎoxīn	look out	2
药	yào	medicine	2
针	zhēn	injection	2
癌	ái	cancer	3
病房	bìngfáng	ward	3
病人	bìngrén	patient	3
出院	chūyuàn	leave hospital	3
打针	dǎzhēn	give or take an injection	3
动手术	dòng shǒushù	operate	3
服	fú	take (medicine)	3

感冒	gǎnmào	have a cold	3
高烧	gāoshāo	high fever	3
观察	guānchá	observe	3
护士	hùshi	nurse	3
浑身	húnshēn	from head to foot	3
检查	jiǎnchá	inspect	3
开药	kāiyào	prescribe medicine	3
科	kē	department	3
脸色	liǎnsè	face	3
量	liáng	take a measurement	3
嗓子	sǎngzi	throat	3
纱布	shābù	gauze	3
手术	shǒushù	operation	3
受伤	shòushāng	injury	3
舒服	shūfu	comfortable	3
体温	tǐwēn	(body) temperature	3
头疼	tóuténg	headache	3
头痛	tóutòng	headache	3
消毒	xiāodú	disinfect	3
休息	xiūxi	rest	3
严重	yánzhòng	serious	3
药物	yàowù	medicine	3
院	yuàn	courtyard	3
张开	zhāngkāi	open	3
止	zhǐ	stop	3
治	zhì	cure	3

住院	zhùyuàn	be in hospital	3
按时	ànshí	on time	4
病情	bìngqíng	state of an illness	4
苍白	cāngbái	pale	4
抽血	chōuxuè	draw blood	4
传染	chuánrǎn	infect	4
点滴	diǎndī	drip	4
恶性	èxìng	malignant	4
发炎	fāyán	inflame	4
隔离	gélí	quarantine	4
化验	huàyàn	test	4
怀孕	huáiyùn	pregnant	4
换药	huànyào	dressing change	4
急诊	jízhěn	emergency treatment	4
交费	jiāofèi	pay	4
开刀	kāidāo	surgery	4
看望	kànwàng	visit	4
内科	nèikē	internal medicine	4
呕吐	ǒutù	vomit	4
抢救	qiǎngjiù	rescue	4
确诊	quèzhěn	diagnosis	4
手续	shǒuxù	procedure	4
输血	shūxuè	blood transfusion	4
体质	tǐzhì	constitution	4
外科	wàikē	surgery	4
无力	wúlì	unable	4

消炎	xiāoyán	anti-inflammatory	4
心跳	xīntiào	heartbeat	4
虚	xū	weak	4
血压	xuèyā	blood pressure	4
要紧	yàojǐn	important	4
晕	yūn	dizzy	4
晕倒	yūndǎo	faint	4
照顾	zhàogù	look after	4
着凉	zháoliáng	catch cold	4
止痛药	zhǐtòngyào	painkiller	4
治疗	zhìliáo	treat	4
中药	zhōngyào	traditional Chinese medicine	4
补救	bǔjiù	remedy	5
处方	chǔfāng	prescription	5
仿制药	fǎngzhìyào	generic drug	5
复查	fùchá	review	5
副作用	fùzuòyòng	side effect	5
过敏	guòmǐn	allergy	5
呼吸机	hūxījī	respirator	5
患者	huànzhě	patient	5
急性	jíxìng	acute	5
家属	jiāshǔ	family members	5
脉	mài	pulse	5
敏感	mǐngǎn	sensitive	5
气色	qìsè	complexion	5
生理	shēnglǐ	physiology	5
输液	shūyè	infusion	5
胎	tāi	fetus	5

瘫痪	tānhuàn	paralysis	5
痰	tán	sputum	5
推拿	tuīná	massage	5
危急	wēijí	critical	5
细胞	xìbāo	cell	5
休养	xiūyǎng	rest	5
修复	xiūfù	repair	5
炎症	yánzhèng	inflammation	5
药方	yàofāng	prescription	5
应急	yìngjí	meet an emergency	5
障碍	zhàng'ài	obstacle	5
镇静剂	zhènjìngjì	tranquilizer	5
肿瘤	zhǒngliú	tumour	5
风险	fēngxiǎn	risk	6
敷	fū	apply	6
检测	jiǎncè	test	6
焦虑	jiāolù	anxious	6
疗效	liáoxiào	curative effect	6
内服	nèifú	for oral administration	6
调理	tiáolǐ	recuperate	6
脱离	tuōlí	be divorced from	6
诊断	zhěnduàn	diagnosis	6

日常生活—天气

春	chūn	spring	1
春天	chūntiān	spring	1
冬	dōng	winter	1
冬天	dōngtiān	winter	1
风	fēng	wind	1
冷	lěng	cold	1
晴	qíng	sunny	1
秋	qiū	autumn	1
秋天	qiūtiān	autumn	1
热	rè	hot	1
天气	tiānqì	weather	1
下雨	xiàyǔ	rain	1
夏	xià	summer	1
夏天	xiàtiān	summer	1
雪	xuě	snow	1
雨	yǔ	rain	1
场	chǎng	measure word (for rain or snow)	2
大风	dàfēng	gale	2
大雨	dàyǔ	heavy rain	2
刮	guā	blow	2
凉快	liángkuai	pleasantly cool	2
气温	qìwēn	air temperature	2
晒	shài	bask	2
雾	wù	fog	2
小雨	xiǎoyǔ	light rain	2
阳光	yángguāng	sunshine	2
阴	yīn	cloudy	2

度	dù	degree	3
多云	duōyún	cloudy	3
级	jí	level	3
零下	língxià	below zero	3
暖和	nuǎnhuo	warm	3
晴朗	qínglǎng	sunny	3
潮湿	cháoshī	damp	4
创	chuàng	create	4
风暴	fēngbào	storm	4
风力	fēnglì	wind power	4
风向	fēngxiàng	wind direction	4
高温	gāowēn	high temperature	4
户外	hùwài	outdoors	4
季节	jìjié	season	4
降温	jiàngwēn	cooling	4
气候	qìhòu	climate	4
水分	shuǐfèn	water content	4
台风	táifēng	typhoon	4
污染	wūrǎn	pollute	4
预报	yùbào	predict	4
照射	zhàoshè	shine	4
冰雹	bīngbáo	hail	5
发布	fābù	release	5
干旱	gānhàn	drought	5
干燥	gānzào	dry	5
气象	qìxiàng	meteorology	5
热带	rèdài	tropic	5
摄氏度	shèshìdù	centigrade	5

雨季	yǔjì	rainy season	5
预防	yùfáng	prevent	5
灾害	zāihài	disaster	5
阴冷	yīnlěng	gloomy and cold	6
预警	yùjǐng	early warning	6

日常生活—邮政快递

发	fā	send	1
寄	jì	post	1
价	jià	price	1
件	jiàn	measure word (for package)	1
克	kè	gram	1
买	mǎi	buy	1
取	qǔ	take	1
信	xìn	letter	1
张	zhāng	measure word (for stamp)	1
包	bāo	package	2
封	fēng	measure word (for mail)	2
挂号信	guàhàoxìn	registered letter	2
国内	guónèi	domestic	2
回信	huíxìn	reply	2
快递	kuàidì	express	2
送信	sòngxìn	deliver letters	2
贴	tiē	stick	2
下单	xiàdān	place an order	2
信封	xìnfēng	envelope	2
邮局	yóujú	post office	2
邮票	yóupiào	stamp	2
装	zhuāng	pack	2
称	chēng	weigh	3
国际	guójì	international	3

快件	kuàijiàn	express delivery	3
平信	píngxìn	ordinary mail	3
送货	sònghuò	delivery	3
碎	suì	broken	3
特快	tèkuài	express	3
填	tián	fill in	3
信箱	xìnxiāng	mailbox	3
邮件	yóujiàn	mail	3
邮政编码	yóuzhèng biānmǎ	postcode	3
重量	zhòngliàng	weight	3
包裹	bāoguǒ	package	4
包裹单	bāoguǒ dān	package form	4
包装	bāozhuāng	pack	4
保	bǎo	guarantee	4
保险	bǎoxiǎn	insurance	4
贵重	guìzhòng	precious	4
汇款单	huìkuǎndān	remittance	4
货物	huòwù	goods	4
寄件人	jìjiànrén	the sender	4
领取	lǐngqǔ	receive	4
明信片	míngxìnpiàn	postcard	4
手续费	shǒuxùfèi	counter fee	4
特快专递	tèkuài zhuāndì	express mail	4
填写	tiánxiě	fill in	4
邮	yóu	post	4
邮编	yóubiān	zip code	4

53

邮递员	yóudìyuán	postman	4
邮寄	yóujì	mail	4
邮政	yóuzhèng	postal	4
专递	zhuāndì	special delivery	4
超重	chāozhòng	overweight	5
海运	hǎiyùn	ocean shipping	5
价值	jiàzhí	value	5
空运	kōngyùn	air transport	5
赔偿	péicháng	compensate for	5
签收	qiānshōu	sign for	5
转交	zhuǎnjiāo	transfer	5
速递	sùdì	express	6
投递	tóudì	delivery	6

日常生活—租房买房

床	chuáng	bed	1
大	dà	big	1
大楼	dàlóu	building	1
电梯	diàntī	elevator	1
房子	fángzi	house	1
间	jiān	measure word (for room)	1
旧	jiù	old	1
椅子	yǐzi	chair	1
住	zhù	live	1
安静	ānjìng	quiet	2
冰箱	bīngxiāng	refrigerator	2
出租	chūzū	lease	2
方便	fāngbiàn	convenient	2
房	fáng	room	2
房东	fángdōng	landlord or landlady	2
房屋	fángwū	house	2
房租	fángzū	rent	2
盖	gài	build	2
家具	jiājù	furniture	2
交	jiāo	pay	2
便宜	piányi	cheap	2
沙发	shāfā	sofa	2
套	tào	measure word (for house, apartwent)	2
卫生间	wèishēngjiān	toilet	2

洗衣机	xǐyījī	washing machine	2
小区	xiǎoqū	residential quarters	2
阳台	yángtái	balcony	2
租	zū	rent	2
搬	bān	move	3
厨房	chúfáng	kitchen	3
电器	diànqì	electric appliance	3
定金	dìngjīn	deposit	3
费	fèi	fee	3
家电	jiādiàn	household electrical appliances	3
建筑	jiànzhù	architecture	3
客厅	kètīng	living room	3
煤气	méiqì	coal gas	3
暖气	nuǎnqì	heating	3
平	píng	square metre	3
平方米	píngfāngmǐ	square metre	3
平米	píngmǐ	square metre	3
厅	tīng	hall	3
卧室	wòshì	bedroom	3
新房	xīnfáng	new house	3
月租	yuèzū	monthly rent	3
中介	zhōngjiè	intermediary agency	3
租金	zūjīn	rent	3
搬家	bānjiā	house-moving	4
别墅	biéshù	villa	4
单元	dānyuán	unit	4
合同	hétóng	contract	4

户型	hùxíng	apartment layout	4
环境	huánjìng	environment	4
空间	kōngjiān	space	4
宽敞	kuānchang	spacious	4
面积	miànjī	area	4
期	qī	phase	4
室	shì	room	4
业主	yèzhǔ	owner	4
装修	zhuāngxiū	fit up	4
便利	biànlì	convenience	5
车库	chēkù	garage	5
地段	dìduàn	district	5
公寓	gōngyù	apartment	5
居室	jūshì	room	5
物业	wùyè	property	5
周边	zhōubiān	periphery	5
抵押	dǐyā	mortgage	6
房贷	fángdài	housing mortgage	6
顾问	gùwèn	counselor	6
齐全	qíquán	complete	6
签约	qiānyuē	sign	6
设施	shèshī	facilty	6
舒适	shūshì	comfortable	6
意向	yìxiàng	intention	6

交通旅行—的士打的

打	dǎ	take	1
打的	dǎdī	take a taxi	1
到	dào	reach	1
的士	dīshì	taxi	1
地方	dìfang	place	1
机场	jīchǎng	airport	1
开	kāi	drive	1
快	kuài	fast	1
哪儿	nǎr	where	1
哪里	nǎlǐ	where	1
钱	qián	money	1
去	qù	go	1
送	sòng	send	1
下车	xiàchē	get off the car	1
走	zǒu	walk	1
安全	ānquán	safe	2
乘	chéng	ride	2
出租车	chūzūchē	taxi	2
打车	dǎchē	take a taxi	2
叫车	jiào chē	call a car	2
路口	lùkǒu	intersection	2
前边	qiánbian	front	2
前面	qiánmian	front	2
上车	shàngchē	get on	2
停	tíng	stop	2

停车	tíngchē	park	2
弯	wān	turn	2
小路	xiǎolù	path	2
一直	yìzhí	always	2
安全带	ānquándài	safety belt	3
打表	dǎbiǎo	charge by the meter	3
堵	dǔ	block up	3
堵车	dǔchē	traffic jam	3
发票	fāpiào	invoice	3
拐	guǎi	turn	3
拐弯	guǎiwān	turn	3
红灯	hóngdēng	red light	3
红绿灯	hónglùdēng	traffic lights	3
系	jì	fasten	3
计程车	jìchéngchē	taxi	3
交通	jiāotōng	traffic	3
绿灯	lùdēng	green light	3
绕	rào	move round	3
塞	sāi	stopper	3
师傅	shīfu	master worker	3
司机	sījī	driver	3
刹车	shāchē	brake	4
导航	dǎoháng	navigate	4
掉头	diàotóu	turn around	4
方向盘	fāngxiàngpán	steering wheel	4
高峰期	gāofēngqī	peak hour	4

后备厢	hòubèixiāng	trunk	4
驾驶	jiàshǐ	drive	4
塞车	sāichē	traffic jam	4
顺路	shùnlù	on the way	4
拥挤	yōngjǐ	crowded	4
转弯	zhuǎnwān	turn a corner	4
超速	chāosù	overspeed	5
路况	lùkuàng	road condition	5
预约	yùyuē	make an appointment	5
堵塞	dǔsè	block	6

交通旅行—问路指路

北	běi	north	1
厕所	cèsuǒ	toilet	1
车站	chēzhàn	station	1
穿	chuān	cross	1
到	dào	reach	1
地方	dìfang	place	1
东	dōng	east	1
过	guò	cross	1
近	jìn	near	1
离	lí	be apart (away) from	1
楼	lóu	building	1
路	lù	road	1
哪儿	nǎr	where	1
哪里	nǎlǐ	where	1
那儿	nàr	there	1
南	nán	south	1
旁边	pángbiān	side	1
前	qián	front	1
去	qù	go	1
什么	shénme	what	1
头	tóu	end	1
问	wèn	ask	1
西	xī	west	1
右	yòu	right	1
远	yuǎn	far	1

在	zài	stay	1
怎么	zěnme	how	1
这儿	zhèr	here	1
走	zǒu	go	1
左	zuǒ	left	1
边	biān	edge	2
朝	cháo	towards	2
地图	dìtú	map	2
方向	fāngxiàng	direction	2
路口	lùkǒu	intersection	2
马路	mǎlù	road	2
往	wǎng	to	2
问路	wènlù	ask the way	2
向	xiàng	towards	2
一直	yìzhí	always	2
右转	yòuzhuǎn	turn right	2
正	zhèng	due	2
直	zhí	straight	2
指	zhǐ	point	2
终点	zhōngdiǎn	finishing point	2
转	zhuǎn	switch to	2
走路	zǒulù	walk	2
左边	zuǒbiān	left	2
左拐	zuǒguǎi	turn left	2
抄小路	chāo xiǎolù	take a footpath	3
穿过	chuānguò	go through	3

附近	fùjìn	nearby	3
拐	guǎi	turn	3
拐弯	guǎiwān	turn	3
红绿灯	hónglǜdēng	traffic lights	3
郊区	jiāoqū	suburb	3
街	jiē	street	3
街道	jiēdào	street	3
警察	jǐngchá	police	3
楼梯	lóutī	stairs	3
迷路	mílù	get lost	3
入口	rùkǒu	entrance	3
十字路口	shízì lùkǒu	crossroad	3
市区	shìqū	urban district	3
相反	xiāngfǎn	contrary	3
直达	zhídá	nonstop	3
打听	dǎting	ask about	4
带路	dàilù	lead the way	4
方位	fāngwèi	position	4
公共	gōnggòng	public	4
换乘	huànchéng	transfer	4
顺	shùn	along	4
沿	yán	along	4
转弯	zhuǎnwān	turn a corner	4
标志	biāozhì	sign	5
场所	chǎngsuǒ	place	5
路人	lùrén	passerby	5
路线	lùxiàn	route	5

交通旅行—酒店住宿

间	jiān	measure word (for room)	1
酒店	jiǔdiàn	hotel	1
块	kuài	*yuan*	1
名字	míngzi	name	1
钱	qián	money	1
送	sòng	send	1
晚上	wǎnshang	night	1
姓	xìng	surname	1
要	yào	want	1
住	zhù	live; stay	1
安静	ānjìng	quiet	2
宾馆	bīnguǎn	hotel	2
层	céng	layer	2
吵	chǎo	noisy	2
打扫	dǎsǎo	clean	2
订	dìng	book	2
定	dìng	set	2
房	fáng	room	2
房号	fánghào	room number	2
房租	fángzū	rent	2
付	fù	pay	2
行李	xíngli	luggage	2
护照	hùzhào	passport	2
换	huàn	change	2
家庭	jiātíng	family	2

交	jiāo	hand over	2
开房	kāi fáng	get a room	2
客人	kèrén	guest	2
空调	kōngtiáo	air conditioner	2
便宜	piányi	cheap	2
人民币	rénmínbì	RMB	2
身份证	shēnfènzhèng	ID card	2
睡	shuì	sleep	2
退房	tuìfáng	check out	2
洗	xǐ	wash	2
现金	xiànjīn	cash	2
姓名	xìngmíng	full name	2
暗	àn	dark	3
办	bàn	handle	3
标准间	biāozhǔnjiān	standard room	3
床单	chuángdān	bed sheet	3
床铺	chuángpù	bed	3
单间	dānjiān	single room	3
登记	dēngjì	register	3
订单	dìngdān	order	3
订房	dìng fáng	book a room	3
发票	fāpiào	invoice	3
服务	fúwù	service	3
服务员	fúwùyuán	waiter	3
付款	fùkuǎn	pay	3
高级	gāojí	senior	3

顾客	gùkè	customer	3
号码	hàomǎ	number	3
欢迎光临	huānyíng guānglín	welcome	3
健身房	jiànshēnfáng	gym	3
冷气	lěngqì	cool air	3
旅客	lǚkè	traveller	3
马桶	mǎtǒng	closestool	3
签字	qiānzì	sign	3
前台	qiántái	reception	3
时钟	shízhōng	clock	3
套房	tàofáng	suite	3
信用卡	xìnyòngkǎ	credit card	3
钥匙	yàoshi	key	3
浴室	yùshì	shower room	3
早餐	zǎocān	breakfast	3
折扣	zhékòu	discount	3
总台	zǒngtái	reception desk	3
报销	bàoxiāo	apply for reimbursement	4
服务台	fúwùtái	service counter	4
光临	guānglín	presence	4
贵姓	guìxìng	surname (polite expression)	4
豪华	háohuá	luxury	4
寄存	jìcún	deposit	4
客房	kèfáng	guest room	4
廉价	liánjià	cheap	4
签名	qiānmíng	signature	4

收拾	shōushi	tidy	4
手续	shǒuxù	procedure	4
押金	yājīn	deposit	4
预订	yùdìng	book	4
预定	yùdìng	fix in advance	4
账单	zhàngdān	bill	4
证件	zhèngjiàn	credentials	4
支付	zhīfù	pay	4
支票	zhīpiào	check	4
总计	zǒngjì	total	4
费用	fèiyòng	cost	5
行程	xíngchéng	trip	5
叫早	jiàozǎo	morning call	5
接待	jiēdài	reception	5
临街	línjiē	face the street	5
旅程	lǚchéng	journey	5
团体	tuántǐ	group	5
住宿	zhùsù	get accommodation	5
设施	shèshī	facility	6
舒适	shūshì	comfortable	6
下榻	xiàtà	stay (at a place during a trip)	6

交通旅行—订票买票

车票	chēpiào	ticket	1
到	dào	reach	1
飞	fēi	fly	1
机票	jīpiào	plane ticket	1
买	mǎi	buy	1
哪儿	nǎr	where	1
哪里	nǎlǐ	where	1
票	piào	ticket	1
钱	qián	money	1
去	qù	go	1
学生	xuésheng	student	1
张	zhāng	measure word (for ticket)	1
从……到……	cóng… dào…	from… to…	2
订	dìng	book	2
动车	dòngchē	bullet train	2
儿童	értóng	children	2
护照	hùzhào	passport	2
零钱	língqián	small change	2
排	pái	row	2
身份证	shēnfènzhèng	ID card	2
长途	chángtú	long-distance	3
车次	chēcì	train number	3
窗口	chuāngkǒu	window	3
订机票	dìng jīpiào	make a flight reservation	3
飞往	fēiwǎng	fly to	3

航班	hángbān	flight	3
快车	kuàichē	express train	3
旅客	lǚkè	traveller	3
慢车	mànchē	slow train	3
排队	páiduì	line up	3
铺	pù	bunk	3
起飞	qǐfēi	take off	3
软卧	ruǎnwò	soft sleeper	3
厅	tīng	hall	3
头等舱	tóuděngcāng	first class	3
退	tuì	return	3
退票	tuìpiào	ticket refund	3
卧铺	wòpù	sleeping berth	3
硬卧	yìngwò	hard sleeper	3
硬座	yìngzuò	hard seat	3
站台	zhàntái	platform	3
乘务员	chéngwùyuán	flight/train attendant	4
出售	chūshòu	sell	4
单程	dānchéng	one way	4
航空	hángkōng	aviation	4
黄牛	huángniú	ticket scalper	4
旅行社	lǚxíngshè	travel agency	4
名单	míngdān	name list	4
实名制	shímíng zhì	real name system	4
手续费	shǒuxùfèi	service fee	4
售票	shòupiào	sell ticket	4

团体票	tuántǐpiào	group ticket	4
预订	yùdìng	book	4
班机	bānjī	flight	5
舱	cāng	cabin	5
改签	gǎi qiān	endorse the ticket	5
核对	héduì	check	5
旅程	lǚchéng	journey	5
往返	wǎngfǎn	round-trip	5
代理	dàilǐ	agent	6
民航	mínháng	civil aviation	6

交通旅行—机场飞机

放	fàng	put	1
飞	fēi	fly	1
飞机	fēijī	aircraft	1
机场	jīchǎng	airport	1
机票	jīpiào	plane ticket	1
件	jiàn	piece	1
买	mǎi	buy	1
坐	zuò	sit	1
笔记本	bǐjìběn	notebook	2
海关	hǎiguān	customs	2
号	hào	number	2
护照	hùzhào	passport	2
空中	kōngzhōng	in the air	2
身份证	shēnfènzhèng	ID card	2
行李	xíngli	luggage	2
座位	zuòwèi	seat	2
安检	ānjiǎn	security check	3
安全带	ānquándài	safety belt	3
乘坐	chéngzuò	ride	3
到达	dàodá	arrive	3
登机	dēngjī	boarding	3
登机口	dēngjīkǒu	boarding gate	3
登机牌	dēngjīpái	boarding pass	3
飞行	fēixíng	flight	3
关闭	guānbì	close	3

过道	guòdào	aisle	3
过关	guòguān	pass	3
航班	hángbān	flight	3
系	jì	fasten	3
检查	jiǎnchá	inspect	3
扣	kòu	buckle	3
落地	luòdì	land	3
起飞	qǐfēi	take off	3
送机	sòng jī	airport drop-off	3
头等舱	tóuděngcāng	first class	3
出行	chūxíng	travel	4
出示	chūshì	show	4
传送带	chuánsòngdài	conveyer belt	4
单程	dānchéng	one way	4
航空	hángkōng	aviation	4
减速	jiǎnsù	slow down	4
降落	jiàngluò	land	4
经济舱	jīngjìcāng	economy class	4
旅途	lǚtú	journey	4
入境	rùjìng	enter a country	4
推迟	tuīchí	delay	4
托运	tuōyùn	consign	4
行李单	xínglidān	baggage claim tag	4
液体	yètǐ	liquid	4
转机	zhuǎnjī	transfer	4
班机	bānjī	flight	5

舱	cāng	cabin	5
抵达	dǐdá	arrive	5
留意	liúyì	pay attention to	5
通道	tōngdào	passageway	5
信号灯	xìnhàodēng	signal lamp	5
行程单	xíngchéng dān	travel itinerary	5
延误	yánwù	delay	5
暂	zàn	temporary	5
故障	gùzhàng	fault	6
民航	mínháng	civil aviation	6
入境单	rùjìng dān	entry form	6
携带	xiédài	carry	6
秩序	zhìxù	order	6

交通旅行—其他交通

船	chuán	ship	1
到	dào	reach	1
地方	dìfang	place	1
地铁	dìtiě	metro	1
公共汽车	gōnggòng qìchē	bus	1
公交	gōngjiāo	public transportation	1
公交车	gōngjiāochē	bus	1
火车	huǒchē	train	1
开	kāi	drive	1
里	lǐ	inner	1
路	lù	road	1
买	mǎi	buy	1
哪儿	nǎr	where	1
票	piào	ticket	1
汽车	qìchē	automobile	1
钱	qián	money	1
去	qù	go	1
让	ràng	give way	1
上	shàng	get on	1
时间	shíjiān	time	1
下	xià	next	1
下车	xiàchē	get off the car	1
站	zhàn	station	1
张	zhāng	measure word (for ticket)	1
走	zǒu	walk	1

坐	zuò	sit	1
座	zuò	seat	1
车门	chēmén	car door	2
乘	chéng	ride	2
出发	chūfā	set out	2
广场	guǎngchǎng	square	2
号	hào	number	2
后边	hòubian	back	2
换	huàn	change	2
卡	kǎ	card	2
辆	liàng	measure word (for bus or car)	2
满	mǎn	full	2
上车	shàngchē	get on	2
上来	shànglai	come up	2
停车	tíngchē	park	2
往	wǎng	to	2
下去	xiàqu	go down	2
座位	zuòwèi	seat	2
乘客	chéngkè	passenger	3
出口	chūkǒu	exit	3
到达	dàodá	arrive	3
过道	guòdào	aisle	3
后门	hòumén	back door	3
开车	kāichē	drive a car	3
列车	lièchē	train	3
旅游	lǚyóu	tourism	3

摩托车	mótuōchē	motorcycle	3
铺	pù	bunk	3
让座	ràngzuò	offer one's seat	3
软卧	ruǎnwò	soft sleeper	3
售	shòu	sell	3
趟	tàng	measure word (for travel or walk)	3
停车场	tíngchēchǎng	parking lot	3
晚点	wǎndiǎn	late	3
报站	bàozhàn	report station	4
爆	bào	burst	4
车位	chēwèi	parking place	4
车厢	chēxiāng	carriage	4
罚款	fákuǎn	fine	4
扶手	fúshǒu	handrail	4
加油站	jiāyóuzhàn	filling station	4
列车员	lièchēyuán	train attendant	4
收费	shōufèi	charge	4
售票员	shòupiàoyuán	conductor	4
一路平安	yílù píng'ān	bon voyage	4
月票	yuèpiào	monthly ticket	4
月台	yuètái	railway platform	4
餐车	cānchē	dining car	5
违反	wéifǎn	violate	5

交通旅行—海关入境

礼物	lǐwù	gift	1
箱子	xiāngzi	case	1
学习	xuéxí	study	1
包	bāo	bag	2
参观	cānguān	visit	2
打开	dǎkāi	open	2
呆	dāi	stay	2
袋	dài	bag	2
放假	fàngjià	have a holiday	2
海关	hǎiguān	customs	2
护照	hùzhào	passport	2
回来	huílai	come back	2
留学	liúxué	overseas study	2
人民币	rénmínbì	RMB	2
行李	xíngli	luggage	2
游玩	yóuwán	play	2
安检	ānjiǎn	security check	3
背包	bēibāo	knapsack	3
超过	chāoguò	exceed	3
待	dāi	stay	3
检查	jiǎnchá	inspect	3
居住	jūzhù	live	3
旅行	lǚxíng	travel	3
旅客	lǚkè	traveller	3
没收	mòshōu	confiscate	3

人员	rényuán	personnel	3
食品	shípǐn	food	3
外币	wàibì	foreign currency	3
新鲜	xīnxiān	fresh	3
财物	cáiwù	property	4
观光	guānguāng	sightseeing	4
规定	guīdìng	regulation	4
货币	huòbì	currency	4
课程	kèchéng	curriculum	4
目的	mùdì	purpose	4
签证	qiānzhèng	visa	4
入境	rùjìng	enter a country	4
税	shuì	tax	4
私人	sīrén	private	4
送礼	sònglǐ	give gifts	4
提包	tíbāo	bag	4
体检	tǐjiǎn	physical examination	4
停留	tíngliú	stop; stay	4
物品	wùpǐn	goods	4
严禁	yánjìn	strictly prohibit	4
允许	yǔnxǔ	allow	4
做生意	zuò shēngyi	do business	4
法律	fǎlǜ	law	5
放行	fàngxíng	release	5
随身	suíshēn	carry on	5
移民	yímín	immigrant	5

报关	bàoguān	declare at customs	6
公务	gōngwù	official business	6
检疫	jiǎnyì	quarantine	6
商务	shāngwù	business affairs	6
申报	shēnbào	declare	6
税金	shuìjīn	taxes	6
外贸	wàimào	foreign trade	6
携带	xiédài	carry	6
秩序	zhìxù	order	6

交通旅行—计划准备

逛	guàng	stroll	3
计划	jìhuà	plan	3
假期	jiàqī	vacation	3
景点	jǐngdiǎn	scenic spot	3
游客	yóukè	tourist	3
导游	dǎoyóu	tour guide	4
购物	gòuwù	shopping	4
收拾	shōushi	tidy	4
提早	tízǎo	early	4
外地	wàidì	other places	4
物品	wùpǐn	goods	4
游览	yóulǎn	visit	4
合约	héyuē	contract	5
露营	lùyíng	camping	5
名胜古迹	míngshèng gǔjì	scenic spots and historical sites	5
随身	suíshēn	carry on	5
旺季	wàngjì	busy season	5
自驾游	zìjiàyóu	self-driving travelling	5
自由行	zìyóu xíng	independent travel	5
携带	xiédài	carry	6

教育学习—课堂学习

汉语	Hànyǔ	Chinese	1
好	hǎo	good	1
话	huà	word	1
教	jiāo	teach	1
节	jié	section	1
句子	jùzi	sentence	1
看	kàn	see	1
课	kè	course	1
课本	kèběn	textbook	1
老师	lǎoshī	teacher	1
慢	màn	slow	1
年级	niánjí	grade	1
上课	shàngkè	attend class; class begins	1
书	shū	book	1
说	shuō	say	1
听	tīng	hear	1
同学	tóngxué	classmate	1
问	wèn	ask	1
下课	xiàkè	class is over	1
写	xiě	write	1
学	xué	learn	1
学生	xuésheng	student	1
学习	xuéxí	study	1
页	yè	page	1
字	zì	Chinese character	1

作业	zuòyè	school assignment	1
做	zuò	do	1
遍	biàn	time	2
迟到	chídào	be late	2
打开	dǎkāi	open	2
道	dào	measure word (for exercise, problem)	2
第	dì	auxiliary word for ordinal numbers	2
懂	dǒng	understand	2
翻	fān	turn	2
跟	gēn	follow	2
黑板	hēibǎn	blackboard	2
回答	huídá	answer	2
讲	jiǎng	speak	2
交	jiāo	hand over	2
课文	kèwén	text	2
练习	liànxí	practice	2
生词	shēngcí	new words	2
题	tí	exercise problem	2
听写	tīngxiě	dictate	2
完成	wánchéng	complete	2
问题	wèntí	problem	2
作文	zuòwén	composition	2
作业本	zuòyèběn	exercise book	2
大声	dàshēng	loud	3
各位	gèwèi	everybody	3

讲台	jiǎngtái	platform	3
交给	jiāogěi	hand over	3
教书	jiāoshū	teach	3
教学	jiàoxué	teaching	3
开课	kāikè	class begins	3
课堂	kètáng	classroom	3
困难	kùnnan	difficulty	3
念	niàn	read	3
听课	tīngkè	attend a lecture	3
学院	xuéyuàn	college	3
意见	yìjian	opinion	3
意思	yìsi	meaning	3
语法	yǔfǎ	grammar	3
造	zào	make	3
造句	zàojù	make sentence	3
正确	zhèngquè	correct	3
自习	zìxí	study by oneself	3
必修	bìxiū	required	4
布置	bùzhì	assign	4
导师	dǎoshī	tutor	4
读物	dúwù	reading material	4
读音	dúyīn	pronunciation	4
发音	fāyīn	pronunciation	4
记性	jìxing	memory	4
解答	jiědá	answer	4
解释	jiěshì	explain	4

敬礼	jìnglǐ	salute	4
旷课	kuàngkè	be absent from school without leave	4
朗读	lǎngdú	recitation	4
立正	lìzhèng	stand at attention	4
例子	lìzi	example	4
默写	mòxiě	write from memory	4
起立	qǐlì	stand up	4
逃课	táokè	truant	4
学分	xuéfēn	credit	4
预习	yùxí	preview	4
步骤	bùzhòu	step	5
考核	kǎohé	assess	5
翘课	qiào kè	skip classes	5
选修	xuǎnxiū	elective	5
讲解	jiǎngjiě	explain	6
人格	réngé	personality	6
原理	yuánlǐ	principle	6

教育学习—考试比赛

本子	běnzi	notebook	1
分	fēn	mark	1
老师	lǎoshī	teacher	1
名	míng	measure word (for person)	1
学生	xuésheng	student	1
报	bào	newspaper	2
比赛	bǐsài	match	2
成绩	chéngjì	achievement	2
错误	cuòwù	error	2
得	dé	get	2
第一	dì-yī	first	2
队	duì	team	2
加油	jiāyóu	come on	2
教师	jiàoshī	teacher	2
教室	jiàoshì	classroom	2
考	kǎo	test	2
考试	kǎoshì	examination	2
留学生	liúxuéshēng	overseas student	2
题目	tímù	examination question	2
砸	zá	smash	2
补考	bǔkǎo	make-up exam	3
补课	bǔkè	makeup missed lessons	3
抄	chāo	copy	3
粗心	cūxīn	careless	3
单词	dāncí	word	3

复习	fùxí	review	3
功课	gōngkè	homework	3
会话	huìhuà	conversation	3
及格	jígé	pass	3
奖金	jiǎngjīn	bonus	3
奖品	jiǎngpǐn	prize	3
期末	qīmò	final	3
拳击	quánjī	boxing	3
天才	tiāncái	genius	3
写作	xiězuò	writing	3
信心	xìnxīn	confidence	3
一等奖	yīděngjiǎng	the first prize	3
优	yōu	excellent	3
优秀	yōuxiù	excellent	3
奥林匹克	àolínpǐkè	olympics	4
笔试	bǐshì	written examination	4
闭卷	bìjuàn	closed-book	4
裁判	cáipàn	referee	4
参赛	cānsài	take part in match	4
差距	chājù	disparity	4
长处	chángchù	strength	4
场馆	chǎngguǎn	venue	4
出局	chūjú	out of office	4
反击	fǎnjī	counterattack	4
记录	jìlù	record	4
奖励	jiǎnglì	reward	4
教练	jiàoliàn	coach	4

竞赛	jìngsài	competition	4
竞争	jìngzhēng	compete	4
刻苦	kèkǔ	hard	4
口试	kǒushì	oral examination	4
良	liáng	good	4
名次	míngcì	ranking	4
名额	míng'é	the number of people assigned or allowed	4
耐力	nàilì	endurance	4
排名	páimíng	ranking	4
期中	qīzhōng	midterm	4
强项	qiángxiàng	strength	4
申请	shēnqǐng	apply	4
时机	shíjī	opportunity	4
输赢	shūyíng	winning or losing	4
体力	tǐlì	physical strength	4
听力	tīnglì	hearing	4
用功	yònggōng	diligent	4
有限	yǒuxiàn	finite	4
主办	zhǔbàn	host	4
总冠军	zǒng guànjūn	grand champion	4
薄弱	bóruò	weak	5
报考	bàokǎo	enter oneself for an examination	5
测验	cèyàn	test	5
冲刺	chōngcì	sprint	5
反超	fǎnchāo	come from behind	5
防守	fángshǒu	defend	5

功力	gōnglì	skill	5
规则	guīzé	rule	5
混合	hùnhé	blend	5
获胜	huòshèng	win a victory	5
积分	jīfēn	accumulate points	5
监考	jiānkǎo	invigilate	5
较量	jiàoliàng	contest	5
截止	jiézhǐ	close	5
开卷	kāijuàn	open-book	5
考验	kǎoyàn	test	5
判	pàn	sentence	5
评选	píngxuǎn	appraise and elect	5
赛事	sàishì	match	5
擅长	shàncháng	be good at	5
上场	shàngchǎng	appear on the stage	5
胜出	shèngchū	beat	5
团体	tuántǐ	group	5
舞弊	wǔbì	fraud	5
心态	xīntài	mentality	5
压制	yāzhì	suppress	5
毅力	yìlì	willpower	5
优良	yōuliáng	excellent	5
战术	zhànshù	tactics	5
志愿	zhìyuàn	volunteer	5
资格	zīgé	qualification	5
作弊	zuòbì	cheat	5

策略	cèlüè	strategy	6
形势	xíngshì	situation	6
意志	yìzhì	will	6
钻研	zuānyán	study	6

教育学习—课后学习

补习	bǔxí	tutorial	3
辅导	fǔdǎo	coach	3
复习	fùxí	review	3
讨论	tǎolùn	discuss	3
解答	jiědá	answer	4
期中	qīzhōng	midterm	4
双休日	shuāngxiūrì	weekend	4
用功	yònggōng	diligent	4
家教	jiājiào	tutor	5
念书	niànshū	study	5
温习	wēnxí	review	5
概念	gàiniàn	concept	6
模拟	mónǐ	simulate	6

教育学习—家庭教育

放手	fàngshǒu	let go	3
缺点	quēdiǎn	shortcoming	3
疼爱	téng'ài	love dearly	3
提醒	tíxǐng	remind	3
严格	yángé	strict	3
出走	chūzǒu	leave one's home	4
鼓励	gǔlì	encourage	4
交流	jiāoliú	communicate	4
竞争	jìngzhēng	compete	4
理解	lǐjiě	understand	4
啰唆	luōsuo	tremble	4
盼望	pànwàng	look forward to	4
平等	píngděng	equal	4
起跑线	qǐpǎoxiàn	starting line	4
撒谎	sāhuǎng	lie	4
望子成龙	wàngzǐ-chénglóng	hope one's children will have a bright future	4
争气	zhēngqì	try to make a good showing	4
自学	zìxué	self-study	4
沟通	gōutōng	communicate	5
理睬	lǐcǎi	pay attention to	5
命运	mìngyùn	fate	5
陪伴	péibàn	accompany	5
婆婆妈妈	pópomāmā	womanishly fussy	5
期望	qīwàng	expect	5

强迫	qiǎngpò	force	5
任性	rènxìng	wayward	5
撒娇	sājiāo	act like the pampered/spoild child	5
心态	xīntài	mentality	5
信任	xìnrèn	trust	5
责任	zérèn	responsibility	5
志愿	zhìyuàn	volunteer	5
自尊	zìzūn	self-esteem	5
栋梁	dòngliáng	pillar	6
开明	kāimíng	enlightened	6
叛逆	pànnì	rebel	6
社会	shèhuì	society	6
使命	shǐmìng	mission	6
心声	xīnshēng	aspirations	6
依赖	yīlài	rely on	6
引导	yǐndǎo	guide	6
隐私	yǐnsī	privacy	6

休闲娱乐—运动健身

打	dǎ	hit	1
好	hǎo	good	1
会	huì	can	1
教	jiāo	teach	1
篮球	lánqiú	basketball	1
累	lèi	tired	1
跑	pǎo	run	1
球	qiú	ball	1
热	rè	hot	1
踢	tī	kick	1
学	xué	learn	1
足球	zúqiú	football	1
比赛	bǐsài	match	2
参加	cānjiā	participate in	2
打球	dǎqiú	play a ball	2
动作	dòngzuò	action	2
汗	hàn	sweat	2
划	huá	paddle	2
局	jú	game	2
练	liàn	practice	2
爬	pá	climb	2
爬山	páshān	climb mountains	2
排球	páiqiú	volleyball	2
跑步	pǎobù	run	2
散步	sànbù	take a walk	2

杀	shā	kill	2
跳	tiào	jump	2
跳舞	tiàowǔ	dance	2
网球	wǎngqiú	tennis	2
赢	yíng	win	2
游	yóu	swim	2
游泳	yóuyǒng	swimming	2
运动	yùndòng	exercise	2
拔河	báhé	tug-of-war	3
报名	bàomíng	sign up	3
出汗	chūhàn	sweat	3
锻炼	duànliàn	physical exercise	3
高尔夫	gāo'ěrfū	golf	3
馆	guǎn	venue	3
冠军	guànjūn	champion	3
呼吸	hūxī	breathe	3
滑冰	huábīng	skating	3
滑雪	huáxuě	skiing	3
活动	huódòng	activity	3
健身	jiànshēn	keep fit	3
健身房	jiànshēnfáng	gym	3
进攻	jìngōng	attack	3
篮	lán	basket	3
溜冰	liūbīng	skating	3
球场	qiúchǎng	court	3
守	shǒu	defend	3

水平	shuǐpíng	level	3
跳绳	tiàoshéng	rope skipping	3
武术	wǔshù	martial arts	3
休息	xiūxi	rest	3
运动员	yùndòngyuán	athlete	3
短跑	duǎnpǎo	sprint	4
更衣室	gēngyīshì	changing room	4
教练	jiàoliàn	coach	4
太极拳	tàijíquán	taiji shadowboxing	4
训练	xùnliàn	train	4
泳衣	yǒngyī	swimsuit	4
暂停	zàntíng	suspend	4
搭档	dādàng	partner	5
防守	fángshǒu	defend	5
纪录	jìlù	record	5
健美	jiànměi	bodybuilding	5
较量	jiàoliàng	contest	5
配合	pèihé	coordinate	5
毅力	yìlì	willpower	5
瘦身	shòu shēn	slimming	6
提升	tíshēng	promote	6
体能	tǐnéng	physical fitness	6
消耗	xiāohào	consume	6
瑜伽	yújiā	yoga	6

休闲娱乐—公园

公园	gōngyuán	park	1
红	hóng	red	1
花	huā	flower	1
黄	huáng	yellow	1
蓝	lán	blue	1
绿	lǜ	green	1
毛	máo	hair	1
美	měi	beautiful	1
鸟	niǎo	bird	1
山	shān	mountain	1
树	shù	tree	1
照片	zhàopiàn	photo	1
风景	fēngjǐng	scenery	2
景色	jǐngsè	scenery	2
拍	pāi	take	2
骑	qí	ride	2
叶	yè	leaf	2
照相	zhàoxiàng	take photos	2
紫	zǐ	purple	2
放松	fàngsōng	relax	3
门票	ménpiào	admission ticket	3
拍照	pāizhào	take photos	3
植物园	zhíwùyuán	botanical garden	3
郊外	jiāowài	outskirts	4

免费	miǎnfèi	free of charge	4
欣赏	xīnshǎng	appreciate	4
休假	xiūjià	take a vacation	4
郊游	jiāoyóu	outing	5

休闲娱乐—电影电视

电影	diànyǐng	film	1
新	xīn	new	1
棒	bàng	excellent	2
部	bù	measure word (for film)	2
场	chǎng	measure word (for film)	2
大片	dàpiàn	blockbuster	2
电影院	diànyǐngyuàn	cinema	2
动画片	dònghuàpiàn	cartoon	2
故事	gùshi	story	2
节目	jiémù	program	2
排	pái	row	2
爱情	àiqíng	love	3
表演	biǎoyǎn	perform	3
感人	gǎnrén	moving	3
广告	guǎnggào	advertisement	3
画面	huàmiàn	frame	3
明星	míngxīng	star	3
片子	piānzi	film	3
色彩	sècǎi	color	3
调	tiáo	adjust	3
演	yǎn	act	3
演员	yǎnyuán	performer	3
出场	chūchǎng	appear on the scene	4
电视剧	diànshìjù	TV play	4
碟	dié	disk	4

功夫片	gōngfupiàn	kungfu film	4
国产	guóchǎn	domestic	4
换台	huàn tái	change channel	4
记者	jìzhě	reporter	4
角色	juésè	role	4
精彩	jīngcǎi	marvellous	4
偶像	ǒuxiàng	idol	4
热门	rèmén	popular	4
遥控器	yáokòngqì	remote control	4
一流	yīliú	first-class	4
一线	yīxiàn	frontline	4
音量	yīnliàng	volume	4
影片	yǐngpiàn	film	4
影星	yǐngxīng	movie star	4
直播	zhíbō	live telecast	4
重播	chóngbō	replay	4
主角	zhǔjué	leading role	4
包场	bāochǎng	make a block booking	5
采访	cǎifǎng	interview	5
出演	chūyǎn	play	5
导演	dǎoyǎn	director	5
高超	gāochāo	superb	5
纪录	jìlù	record	5
剧院	jùyuàn	theater	5
开演	kāiyǎn	show	5
科幻	kēhuàn	science fiction	5

幕后	mùhòu	behind the scenes	5
配音	pèiyīn	dub	5
票房	piàofáng	box office	5
情节	qíngjié	plot	5
上映	shàngyìng	release	5
摄影	shèyǐng	photography	5
生动	shēngdòng	vivid	5
卫视	wèishì	satellite TV	5
喜剧	xǐjù	comedy	5
演技	yǎnjì	acting skill	5
影像	yǐngxiàng	image	5
娱乐	yúlè	entertainment	5
娱乐圈	yúlè quān	entertainment circle	5
真人秀	zhēnrén xiù	reality show	5
报道	bàodào	report	6
剧本	jùběn	script	6
灵感	línggǎn	inspiration	6
频道	píndào	channel	6
通讯	tōngxùn	communication	6
银幕	yínmù	screen	6
造型	zàoxíng	modelling	6
转播	zhuǎnbō	relay	6

休闲娱乐—美容保健

头发	tóufa	hair	1
刮	guā	shave	2
胡子	húzi	beard	2
剪	jiǎn	shear	2
理发	lǐfà	have a haircut	2
眉毛	méimao	eyebrow	2
年轻	niánqīng	young	2
涂	tú	apply	2
指甲	zhǐjia	nail	2
按摩	ànmó	massage	3
唇	chún	lips	3
发型	fàxíng	hair style	3
口红	kǒuhóng	lipstick	3
理	lǐ	cut	3
美发	měifà	hairdressing	3
美容	měiróng	cosmetology	3
面部	miànbù	face	3
皮肤	pífū	skin	3
霜	shuāng	cream	3
嘴唇	zuǐchún	lips	3
肥胖	féipàng	obesity	4
减肥	jiǎnféi	reduce weight	4
睫毛	jiémáo	eyelash	4
苗条	miáotiao	slim	4
香水	xiāngshuǐ	perfume	4

脂肪	zhīfáng	fat	4
棕色	zōngsè	brown	4
保养	bǎoyǎng	maintain	5
过敏	guòmǐn	allergy	5
化妆	huàzhuāng	make up	5
健美	jiànměi	aerobics	5
面膜	miànmó	facial mask	5
描	miáo	trace	5
染	rǎn	dye	5
推拿	tuīná	massage	5
皱纹	zhòuwén	wrinkle	5
滋润	zīrùn	moist	5
保健	bǎojiàn	healthcare	6
敷	fū	apply	6
护理	hùlǐ	nurse	6
瘦身	shòu shēn	slimming	6
新陈代谢	xīnchén-dàixiè	metabolism	6
瑜伽	yújiā	yoga	6

休闲娱乐—音乐KTV

歌	gē	song	1
唱歌	chànggē	sing	2
钢琴	gāngqín	piano	2
歌声	gēshēng	singing	2
好听	hǎotīng	pleasant to hear	2
首	shǒu	measure word (for music)	2
音乐	yīnyuè	music	2
歌词	gēcí	lyric	3
歌迷	gēmí	fan	3
歌手	gēshǒu	singer	3
歌星	gēxīng	singing star	3
华语	Huáyǔ	Chinese	3
吉他	jítā	guitar	3
曲子	qǔzi	tune	3
现代	xiàndài	modern	3
演出	yǎnchū	show	3
唱片	chàngpiàn	record	4
合唱	héchàng	chorus	4
流行	liúxíng	popular	4
演唱	yǎnchàng	sing	4
乐队	yuèduì	band	4
作品	zuòpǐn	works	4
古典	gǔdiǎn	classical	5
美妙	měimiào	wonderful	5
民歌	mín'gē	folk song	5

旋律	xuánlǜ	melody	5
摇滚	yáogǔn	rock	5
艺人	yìrén	artist	5
创作	chuàngzuò	create	6
专辑	zhuānjí	album	6

休闲娱乐—节日

礼物	lǐwù	gift	1
春节	Chūnjié	Spring Festival	2
蛋糕	dàngāo	cake	2
观看	guānkàn	watch	2
过年	guònián	celebrate the Spring Festival	2
节日	jiérì	festival	2
快乐	kuàilè	happy	2
母亲节	Mǔqīnjié	Mother's Day	2
生日	shēngrì	birthday	2
新年	xīnnián	new year	2
烟花	yānhuā	fireworks	2
元旦	Yuándàn	New Year's Day	2
月饼	yuèbǐng	moon cake	2
拜年	bàinián	pay New Year's call	3
灯笼	dēnglong	lantern	3
儿童节	Értóngjié	Children's Day	3
古代	gǔdài	ancient times	3
国庆	guóqìng	National Day	3
红包	hóngbāo	red packet	3
举办	jǔbàn	host	3
平安	píng'ān	safe and sound	3
中秋	Zhōngqiū	Mid-autumn Festival	3
中秋节	Zhōngqiūjié	Mid-autumn Festival	3
祝福	zhùfú	blessing	3
粽子	zòngzi	traditional Chinese rice-pudding	3

除夕	chúxī	New Year's Eve	4
传统	chuántǒng	tradition	4
灯谜	dēngmí	lantern riddle	4
端午	Duānwǔ	Dragon Boat Festival	4
端午节	Duānwǔjié	Dragon Boat Festival	4
纪念	jìniàn	commemorate	4
康乃馨	kāngnǎixīn	carnation	4
龙舟	lóngzhōu	dragon boat	4
农历	nónglì	lunar calendar	4
清明	Qīngmíng	Qingming	4
清明节	Qīngmíngjié	Qingming Festival	4
圣诞	Shèngdàn	Christmas	4
团圆	tuányuán	reunion	4
万事如意	wànshì rúyì	everything goes well	4
新春	xīnchūn	Chinese New Year	4
压岁钱	yāsuìqián	lucky money	4
烟火	yānhuǒ	fireworks	4
一帆风顺	yìfān-fēngshùn	everything is going smoothly	4
元宵	yuánxiāo	glutinous rice balls for Lantern Festival	4
元宵节	Yuánxiāojié	Lantern Festival	4
正月	zhēngyuè	lunar January	4
装饰	zhuāngshì	decorate	4
祖先	zǔxiān	ancestor	4
爆竹	bàozhú	firecracker	5
重阳节	Chóngyángjié	Double Ninth Festival	5
春联	chūnlián	Spring Festival couplets	5
风俗	fēngsú	customs	5

民间	mínjiān	folk	5
扫墓	sǎomù	pay tribute to a dead person at his tomb	5
心想事成	xīn xiǎng shì chéng	may all your wishes come true	5
许愿	xǔyuàn	vow	5
感恩	gǎn'ēn	thanksgiving	6
纪念日	jìniànrì	anniversary of important events	6
庙会	miàohuì	temple fair	6
团聚	tuánjù	reunite	6
习俗	xísú	custom	6
仪式	yíshì	ceremony	6

情感婚姻—恋爱

男人	nánrén	man	1
女人	nǚrén	woman	1
她	tā	she	1
喜欢	xǐhuan	like	1
结婚	jiéhūn	marry	2
男孩	nánhái	boy	2
男朋友	nánpéngyou	boyfriend	2
男生	nánshēng	schoolboy	2
女孩	nǚhái	girl	2
女朋友	nǚpéngyou	girlfriend	2
女生	nǚshēng	schoolgirl	2
甩	shuǎi	dump	2
鲜花	xiānhuā	fresh flower	2
追	zhuī	chase	2
分开	fēnkāi	separate	3
分手	fēnshǒu	break up	3
感觉	gǎnjué	feel	3
感情	gǎnqíng	feeling	3
恨	hèn	hate	3
结束	jiéshù	end	3
离婚	líhūn	divorce	3
男女	nánnǚ	men and women	3
牵	qiān	pull	3
前女友	qián nǚyǒu	ex-girlfriend	3
亲爱的	qīn'àide	dear	3

谈恋爱	tán liàn'ài	fall in love	3
想念	xiǎngniàn	miss	3
原谅	yuánliàng	forgive	3
冲动	chōngdòng	impulse	4
初恋	chūliàn	first love	4
单身	dānshēn	single	4
放不下	fàng bú xià	can't let go	4
婚礼	hūnlǐ	wedding	4
接吻	jiēwěn	kiss	4
浪漫	làngmàn	romantic	4
恋爱	liàn'ài	be in love	4
情人	qíngrén	lover	4
求婚	qiúhūn	propose	4
肉体	ròutǐ	body	4
失恋	shīliàn	be disappointed in love	4
天堂	tiāntáng	paradise	4
天长地久	tiāncháng-dìjiǔ	endure as the universe	4
吸引	xīyǐn	attract	4
性格	xìnggé	character	4
约会	yuēhuì	date	4
真心	zhēnxīn	sincerely	4
暗恋	ànliàn	unrequited love	5
伴侣	bànlǚ	partner	5
背叛	bèipàn	betray	5
表白	biǎobái	confession	5
宠爱	chǒng'ài	favour	5

刺激	cìjī	stimulate	5
辜负	gūfù	fail to live up to	5
好感	hǎogǎn	good feeling	5
合法	héfǎ	legitimate	5
婚纱	hūnshā	wedding dress	5
教堂	jiàotáng	church	5
考验	kǎoyàn	test	5
恋人	liànrén	lover	5
牵挂	qiānguà	care	5
情侣	qínglǚ	lovers	5
娶	qǔ	marry	5
思念	sīniàn	miss	5
性	xìng	sex	5
厌倦	yànjuàn	be tired of	5
缘分	yuánfèn	fate	5
责任	zérèn	responsibility	5
追求	zhuīqiú	pursuit	5
白头偕老	báitóu-xiélǎo	live to old age in conjugal bliss	6
承诺	chéngnuò	promise	6
纪念日	jìniànrì	anniversary of important events	6
见证	jiànzhèng	witness	6
青梅竹马	qīngméi-zhúmǎ	childhood sweethearts	6
一见钟情	yíjiàn-zhōngqíng	fall in love at first sight	6
忠诚	zhōngchéng	loyal	6

情感婚姻—婚姻家庭

爸爸	bàba	father	1
孩子	háizi	children	1
妈妈	māma	mother	1
想	xiǎng	think	1
公公	gōnggong	father-in-law	2
嫁	jià	(of a woman) marry	2
结	jié	unite	2
结婚	jiéhūn	marry	2
俩	liǎ	two	2
愉快	yúkuài	cheerful	2
愿意	yuànyì	be willing to	2
夫妻	fūqī	couple	3
红包	hóngbāo	red packet	3
家务	jiāwù	housework	3
离婚	líhūn	divorce	3
谈恋爱	tán liàn'ài	fall in love	3
喜酒	xǐjiǔ	wedding feast	3
新郎	xīnláng	groom	3
新娘	xīnniáng	bride	3
幸福	xìngfú	happiness	3
月嫂	yuèsǎo	maternity matron	3
办手续	bàn shǒuxù	go through formalities	4
成亲	chéngqīn	get married	4
恭喜	gōngxǐ	congratulation	4
骨肉	gǔròu	flesh and blood	4

过错	guòcuò	fault	4
过日子	guò rìzi	live	4
怀孕	huáiyùn	pregnant	4
婚礼	hūnlǐ	wedding	4
婚姻	hūnyīn	marriage	4
交换	jiāohuàn	exchange	4
结合	jiéhé	combine	4
戒指	jièzhi	ring	4
蜜月	mìyuè	honeymoon	4
闹新房	nào xīnfáng	haze newlyweds	4
婆婆	pópo	mother-in-law	4
妻	qī	wife	4
亲生	qīnshēng	biological	4
请帖	qǐngtiě	invitation	4
求婚	qiúhūn	propose	4
失恋	shīliàn	be disappointed in love	4
外貌	wàimào	appearance	4
吸引	xīyǐn	attract	4
喜事	xǐshì	happy event	4
喜糖	xǐtáng	wedding candies	4
约会	yuēhuì	date	4
岳父	yuèfù	father-in-law (wife's father)	4
岳母	yuèmǔ	mother-in-law (wife's mother)	4
长相	zhǎngxiàng	looks	4
终身大事	zhōngshēn dàshì	the main affair of one's life; marriage	4
周年	zhōunián	anniversary	4
祝贺	zhùhè	congratulate	4
伴侣	bànlǚ	partner	5

背叛	bèipàn	betray	5
财产	cáichǎn	property	5
成家	chéngjiā	get married	5
宠爱	chǒng'ài	favour	5
订婚	dìnghūn	be engaged	5
发育	fāyù	development	5
法院	fǎyuàn	court	5
复合	fùhé	reunite with	5
沟通	gōutōng	communicate	5
闺女	guīnü	daughter	5
合法	héfǎ	legitimate	5
红娘	hóngniáng	matchmaker	5
婚纱	hūnshā	wedding dress	5
家教	jiājiào	tutor	5
教堂	jiàotáng	church	5
考验	kǎoyàn	test	5
律师	lùshī	lawyer	5
美满	měimǎn	happy	5
品质	pǐnzhì	quality	5
亲戚	qīnqi	relative	5
情侣	qínglǚ	lovers	5
娶	qǔ	marry (a woman)	5
人情	rénqíng	favor	5
生育	shēngyù	birth	5
事业	shìyè	career	5
胎	tāi	fetus	5

坦白	tǎnbái	confess	5
媳妇	xífù	daughter-in-law	5
相处	xiāngchǔ	get along	5
相遇	xiāngyù	meet	5
协议书	xiéyìshū	agreement	5
宴席	yànxí	banquet	5
用心	yòngxīn	with concentrated attention	5
缘分	yuánfèn	fate	5
责任	zérèn	responsibility	5
照看	zhàokàn	take care of	5
真情	zhēnqíng	truth	5
指责	zhǐzé	accuse	5
妆	zhuāng	makeup	5
追求	zhuīqiú	pursuit	5
做主	zuòzhǔ	call the shots	5
白头偕老	báitóu-xiélǎo	live to old age in conjugal bliss	6
承诺	chéngnuò	promise	6
恩怨	ēnyuàn	feeling of gratitude or resentment	6
和睦	hémù	harmony	6
婚约	hūnyuē	engagement	6
激情	jīqíng	passion	6
纪念日	jìniànrì	anniversary of important events	6
见证	jiànzhèng	witness	6
叛逆	pànnì	rebel	6
团聚	tuánjù	reunite	6
血缘	xuèyuán	blood kinship	6

一见钟情	yíjiàn-zhōngqíng	fall in love at first sight	6
忠诚	zhōngchéng	loyal	6
纵容	zòngróng	connive	6

情感婚姻—友情

靠	kào	depend on	2
友情	yǒuqíng	friendship	3
哥们儿	gēmenr	buddy	4
闺蜜	guīmì	confidante	4
狐朋狗友	húpéng gǒuyǒu	evil associates	4
可靠	kěkào	reliable	4
友人	yǒurén	friend	4
陪伴	péibàn	accompany	5
品质	pǐnzhì	quality	5

情感婚姻—相亲

男孩	nánhái	boy	2
女孩	nǚhái	girl	2
陌生	mòshēng	strange	3
缺点	quēdiǎn	shortcoming	3
中介	zhōngjiè	intermediary agent	3
喝喜酒	hē xǐjiǔ	attend a wedding banquet	4
户口	hùkǒu	registered residence	4
经济	jīngjì	economics	4
可靠	kěkào	reliable	4
亲热	qīnrè	intimate	4
责任心	zérènxīn	conscientiousness	4
长相	zhǎngxiàng	looks	4
财产	cáichǎn	property	5
成家	chéngjiā	get married	5
独身	dúshēn	be single	5
红娘	hóngniáng	matchmaker	5
娶	qǔ	marry (a woman)	5
人品	rénpǐn	character	5
生育	shēngyù	birth	5
媳妇	xífù	daughter-in-law	5
相亲	xiāngqīn	blind date	5
性	xìng	sex	5
印象	yìnxiàng	impression	5
缘分	yuánfèn	fate	5
诚意	chéngyì	good faith	6
婚介	hūnjiè	matchmaking	6
培养	péiyǎng	cultivate	6

职场工作—面试求职

大学	dàxué	university	2
电脑	diànnǎo	computer	2
强	qiáng	strong	2
上班	shàngbān	go to work	2
说话	shuōhuà	speak	2
通知	tōngzhī	notice	2
投	tóu	throw	2
做事	zuòshì	work	2
报名	bàomíng	sign up	3
毕业	bìyè	graduate	3
出生	chūshēng	birth	3
工资	gōngzī	salary	3
公司	gōngsī	company	3
计算机	jìsuànjī	computer	3
奖金	jiǎngjīn	bonus	3
能力	nénglì	ability	3
热情	rèqíng	enthusiasm	3
外语	wàiyǔ	foreign language	3
优点	yōudiǎn	advantage	3
语言	yǔyán	language	3
招	zhāo	recruit	3
知识	zhīshi	knowledge	3
报酬	bàochou	remuneration	4
本科	běnkē	undergraduate	4
笔试	bǐshì	written examination	4

毕业生	bìyèshēng	graduate	4
操作	cāozuò	operate	4
长处	chángchù	strength	4
单位	dānwèi	unit (as an organization, department, division, section, etc.)	4
发展	fāzhǎn	develop	4
丰富	fēngfù	rich	4
负责	fùzé	be responsible for	4
富有	fùyǒu	rich	4
岗位	gǎngwèi	post	4
工程师	gōngchéngshī	engineer	4
官	guān	officer	4
合同	hétóng	contract	4
合作	hézuò	cooperate	4
简历	jiǎnlì	resume	4
教育	jiàoyù	education	4
经理	jīnglǐ	manager	4
经验	jīngyàn	experience	4
精神	jīngshén	spirit	4
冷静	lěngjìng	calm	4
秘书	mìshū	secretary	4
面试	miànshì	interview	4
内部	nèibù	internal	4
年薪	niánxīn	annual salary	4
企业	qǐyè	enterprise	4
求职	qiúzhí	apply for a job	4

人才	réncái	talents	4
弱点	ruòdiǎn	weakness	4
申请	shēnqǐng	apply	4
实习	shíxí	internship	4
熟练	shúliàn	skilled	4
熟悉	shúxi	be familiar with	4
特长	tècháng	specialty	4
挑战	tiǎozhàn	challenge	4
文化	wénhuà	culture	4
薪水	xīnshui	salary	4
性格	xìnggé	character	4
月薪	yuèxīn	monthly salary	4
证明	zhèngmíng	prove	4
证书	zhèngshū	certificate	4
专业	zhuānyè	major	4
自信	zìxìn	self-confident	4
总经理	zǒngjīnglǐ	general manager	4
测试	cèshì	test	5
待遇	dàiyù	treatment	5
董事长	dǒngshìzhǎng	chairman	5
行业	hángyè	industry	5
驾照	jiàzhào	drive license	5
兼职	jiānzhí	part-time job	5
经历	jīnglì	experience	5
精通	jīngtōng	master	5
年终	niánzhōng	year-end	5

全职	quánzhí	full-time	5
擅长	shàncháng	be good at	5
事业	shìyè	career	5
头脑	tóunǎo	mind	5
团队	tuánduì	team	5
外企	wàiqǐ	foreign enterprise	5
文凭	wénpíng	diploma	5
学历	xuélì	education background	5
学位	xuéwèi	academic degree	5
掌握	zhǎngwò	master	5
职务	zhíwù	post	5
职责	zhízé	duty	5
志向	zhìxiàng	ambition	5
资格	zīgé	qualification	5
背景	bèijǐng	background	6
分配	fēnpèi	distribute	6
福利	fúlì	welfare	6
技能	jìnéng	skill	6
精英	jīngyīng	elite	6
竞聘	jìngpìn	compete for a post	6
录用	lùyòng	employ	6
履历	lǚlì	resume	6
培训	péixùn	train	6
培养	péiyǎng	cultivate	6
聘用	pìnyòng	employ	6
评价	píngjià	evaluate	6

人事	rénshì	personnel matters	6
任职	rènzhí	hold a post	6
胜任	shèngrèn	be qualified	6
硕士	shuòshì	master	6
素质	sùzhì	quality	6
跳槽	tiàocáo	job hopping	6
稳重	wěnzhòng	steady	6
薪资	xīnzī	salary	6
应聘	yìngpìn	apply for	6
招聘	zhāopìn	recruit	6
执照	zhízhào	license	6
职位	zhíwèi	position	6
职员	zhíyuán	staff member	6
主管	zhǔguǎn	executive director	6
助理	zhùlǐ	assistant	6

职场工作—工资待遇

老板	lǎobǎn	boss	2
升	shēng	rise	2
工资	gōngzī	salary	3
奖金	jiǎngjīn	bonus	3
接受	jiēshòu	accept	3
涨	zhǎng	rise	3
挣	zhèng	earn	3
报酬	bàochou	remuneration	4
合同	hétóng	contract	4
计时	jìshí	reckon by time	4
加班	jiābān	work overtime	4
奖励	jiǎnglì	reward	4
民工	míngōng	migrant worker	4
年薪	niánxīn	annual salary	4
薪水	xīnshui	salary	4
休假	xiūjià	take a vacation	4
银子	yínzi	silver	4
月薪	yuèxīn	monthly salary	4
支付	zhīfù	pay	4
支票	zhīpiào	check	4
赚钱	zhuànqián	make money	4
补偿	bǔcháng	compensate	5
辞职	cízhí	resign	5
待遇	dàiyù	treatment	5
董事长	dǒngshìzhǎng	chairman	5

额外	éwài	additional	5
服从	fúcóng	obey	5
股东	gǔdōng	shareholder	5
股份	gǔfèn	share	5
合约	héyuē	contract	5
价值	jiàzhí	value	5
期望	qīwàng	expect	5
前途	qiántú	future	5
数额	shù'é	amount	5
退休金	tuìxiūjīn	pension	5
员工	yuángōng	staff	5
责任	zérèn	responsibility	5
值班	zhíbān	be on duty	5
资金	zījīn	capital	5
补贴	bǔtiē	subsidy	6
存根	cúngēn	stub	6
分红	fēnhóng	bonus	6
分配	fēnpèi	distribute	6
高额	gāo'é	great number (amount)	6
考勤	kǎoqín	check work attendance	6
可观	kěguān	considerable	6
录用	lùyòng	employ	6
提成	tíchéng	deduct a percentage from a sum of money	6
薪酬	xīnchóu	salary	6
业绩	yèjì	achievement	6
优厚	yōuhòu	generous	6

职位	zhíwèi	position	6
主管	zhǔguǎn	executive director	6
资历	zīlì	seniority	6

职场工作—请假辞职

请假	qǐngjià	ask for leave	2
通知	tōngzhī	notice	2
报告	bàogào	report	3
假	jià	vacation	3
假期	jiàqī	vacation	3
规定	guīdìng	regulation	4
开除	kāichú	expel	4
申请	shēnqǐng	apply	4
退休	tuìxiū	retire	4
薪水	xīnshui	salary	4
休假	xiūjià	take a vacation	4
补助	bǔzhù	subsidy	5
辞	cí	resign	5
辞退	cítuì	dismiss	5
辞职	cízhí	resign	5
接替	jiētì	succeed	5
解散	jiěsàn	dissolve	5
扣除	kòuchú	deduct	5
批准	pīzhǔn	approve	5
人力	rénlì	human resource	5
休	xiū	rest	5
员工	yuángōng	staff	5
出具	chūjù	issue	6
福利	fúlì	welfare	6
公事	gōngshì	official business	6

行政	xíngzhèng	administration	6
请示	qǐngshì	ask for instructions	6
缺席	quēxí	absent	6
审批	shěnpī	examinee and approve	6
职位	zhíwèi	position	6
制度	zhìdù	system	6
主管	zhǔguǎn	executive director	6

职场工作—日程安排

计划	jìhuà	plan	3
开会	kāihuì	attend a meeting	3
会议	huìyì	meeting	4
记录	jìlù	record	4
取消	qǔxiāo	cancel	4
确认	quèrèn	confirm	4
日期	rìqī	date	4
缩短	suōduǎn	shorten	4
延期	yánqī	postpone	4
宴会	yànhuì	banquet	4
召开	zhàokāi	convene	4
繁忙	fánmáng	busy	5
访问	fǎngwèn	visit	5
会见	huìjiàn	meet with	5
会谈	huìtán	talks	5
简短	jiǎnduǎn	brief	5
进度	jìndù	speed of progress	5
日程	rìchéng	schedule	5
行程	xíngchéng	trip	5
预约	yùyuē	make an appointment	5
剪彩	jiǎncǎi	cut the ribbon at an opening ceremony	6
洽谈	qiàtán	negotiate	6
议程	yìchéng	agenda	6
助理	zhùlǐ	assistant	6

职场工作—商务会面

产品	chǎnpǐn	product	3
打招呼	dǎ zhāohu	say hello	3
对方	duìfāng	other party	3
对手	duìshǒu	opponent	3
亲自	qīnzì	personally	3
商量	shāngliang	discuss	3
生意	shēngyi	business	3
数量	shùliàng	quantity	3
双方	shuāngfāng	both sides	3
顺利	shùnlì	smoothly	3
谈	tán	talk	3
意见	yìjiàn	opinion	3
不敢当	bùgǎndāng	I really don't deserve this	4
长期	chángqī	long-term	4
答复	dáfù	reply	4
打扰	dǎrǎo	disturb	4
光临	guānglín	presence	4
合作	hézuò	cooperate	4
会面	huìmiàn	meet with	4
问候	wènhòu	greet	4
迎接	yíngjiē	meet	4
赞美	zànměi	praise	4
周到	zhōudào	thoughtful	4
报价	bàojià	quote	5
车间	chējiān	workshop	5

订货	dìnghuò	order goods	5
董事长	dǒngshìzhǎng	chairman	5
关照	guānzhào	take care of	5
贵宾	guìbīn	VIP	5
集团	jítuán	group	5
久仰	jiǔyǎng	I've heard so much about you.	5
客户	kèhù	customer	5
握手	wòshǒu	shake hands	5
协议书	xiéyìshū	agreement	5
幸	xìng	lucky	5
幸会	xìnghuì	Nice to meet you.	5
预约	yùyuē	make an appointment	5
成品	chéngpǐn	finished product	6
诚意	chéngyì	good faith	6
恭维	gōngwéi	compliment	6
寒暄	hánxuān	greetings	6
检验	jiǎnyàn	inspect	6
交际	jiāojì	communicate	6
拍档	pāidàng	partner	6
洽谈	qiàtán	negotiate	6
签署	qiānshǔ	sign	6
商务	shāngwù	business affairs	6
谈判	tánpàn	negotiate	6
协议	xiéyì	agreement	6
仰慕	yǎngmù	admire	6
应酬	yìngchou	social intercourse	6
主管	zhǔguǎn	executive director	6

助理	zhùlǐ	assistant	6
专程	zhuānchéng	specially	6
总裁	zǒngcái	president	6

汉语口语词汇等级大纲

一级词语表

A

啊
哎
哎呀
唉
爱

B

八
巴士
把
爸
爸爸
吧
白
白色
百
拜拜
班
半
宝
宝宝
杯
杯子
北
被
被子
本

本子
鼻子
比
笔
变
别
别人
病
不
不会
不能
不要

C

才
菜
草
厕所
茶
差
长
常
常常
唱
超市
车
车票
车站

吃
吃饭
虫
出
穿
船
床
春
春天
次
从
存
错

D

打
打的
打电话
大
大楼
大人
大小
大夫
带
蛋
刀
到
的

灯
低
的士
地
地方
地铁
弟
弟弟
点
电
电话
电视
电梯
电影
东
东西
冬
冬天
动
都
读
短
对
对不起
多
多少

E

饿
儿
儿子
耳
耳朵
二

F

发
饭
饭店
房间
房子
放
飞
飞机
非常
分
分钟
风

G

干
刚
刚才
刚刚
高
高兴

哥
哥哥
歌
个
各
给
更
公共汽车
公交
公交车
公斤
公里
公园
关
国
国家
过

H

还
孩子
海
汉语
好
喝
和
河
黑

黑色
很
红
红色
后
花
华
画
话
坏
黄
黄色
回
会
活
火
火车

J

机场
机票
鸡
鸡蛋
几
记
寄
加
家
价
间
件

角
脚
叫
教
节
姐
姐姐
借
斤
今年
今天
进
近
九
酒
酒店
旧
就
句
句子

K

咖啡
开
开门
看
看病
看见
颗
可
可能

可以
克
课
课本
空
口
哭
块
快
筷子

L

拉
啦
来
蓝
蓝色
篮球
老
老爸
老公
老妈
老婆
老人
老师
老外
了
累
冷
离
礼物

里
两
六
楼
路
乱
绿
绿色

M

妈
妈妈
马
马上
吗
买
买单
卖
慢
忙
毛
没
没有
每
美
妹
妹妹
门
米
米饭
面

包面
面条
名
名字
明
明白
明年
明天
木
目

N

拿
哪
哪儿
哪里
那
那儿
那里
那么
奶
奶奶
男
男人
南
难
呢
能
嗯
你
你好

你们
年
年级
鸟
您
您好
牛
牛奶
牛肉
女
女儿
女人

O

哦

P

怕
旁边
跑
朋友
皮
票
破

Q

七
齐
起床
起来
气
汽车
千

前
钱
轻
晴
请
请问
秋
秋天
球
取
去
去年

R

让
热
人
认识
认真
日
肉

S

三
山
商店
上
上海
上课
上午
上学
少

身体
什么
声音
十
石
时
时间
是
收
手
手表
手机
书
叔叔
树
数
双
谁
水
水果
说
死
四
送
算
岁

T

他
他们
它

她
她们
台
太
太阳
汤
疼
踢
提
天
天气
田
甜
条
听
听见
同学
痛
头
头发
土
推

W

哇
外
完
晚
晚上
万
忘

为
为了
为什么
位
喂
问
我
我们
五

X

西
喜欢
下
下车
下课
下午
下雪
下雨
夏
夏天
咸
现在
箱子
想
像
小
小孩
小姐
小朋友
校

笑
些
鞋
写
谢谢
心
新
信
星期
星期二
星期六
星期日
星期三
星期四
星期天
星期五
星期一
姓
学
学生
学习
学校
雪

Y

牙
眼
眼睛
羊
要
爷

爷爷
也
页
一
一定
一个
一会儿
一块
一起
一天
一些
衣
医生
医院
以后
以前
椅
椅子
因
因为
应该
用
有
有的
有时
有些
又
右
鱼
雨
元

远　早上　这里　中国　桌子　昨天
月　怎么　这么　中间　自行车　左
云　怎么样　着　中文　自己　作业

Z

再见　站　真　中午　字　坐
在　张　正在　钟　走　座
咱　照片　支　种　足球　做
咱们　这　只　重　嘴　做菜
早　这儿　纸　周　嘴巴　做饭
　　这个　中　住　最

二级词语表

A ｜帮忙 ｜笨 ｜并 ｜部 ｜差点

哎哟｜帮助｜鼻　｜并且｜**C**｜厂

爱好｜棒　｜比较｜不错｜擦　｜场

安静｜包　｜比如｜不对｜采　｜唱歌

安全｜包间｜比赛｜不管｜踩　｜朝

按　｜包子｜笔记本｜不过｜菜单｜吵

B ｜饱　｜币　｜不行｜参观｜炒

巴　｜宝贝｜必须｜不好意思｜参加｜车门

拔　｜报　｜闭　｜不仅｜餐　｜成

白菜｜报纸｜边　｜不客气｜餐馆｜成绩

白酒｜抱　｜变化｜不是｜餐厅｜成为

白云｜北边｜便　｜不同｜藏　｜城

拜　｜北京｜遍　｜不要紧｜层　｜城市

板　｜背　｜宾馆｜不用｜插　｜乘

办法｜呗　｜冰　｜布　｜查　｜橙

帮　｜本来｜冰箱｜步　｜差不多｜橙子

迟	打球	到底	东边	方向	歌声
迟到	打扫	到来	懂	房	根
冲	打折	道	动车	房东	跟
出发	大风	得	动画片	房号	跟着
出国	大哥	得到	动物	房屋	更加
出来	大家	等	动作	房租	工具
出门	大姐	等到	洞	放假	工作
出去	大片	等于	豆	放下	公
出现	大嫂	滴	读书	分别	公公
出租	大厦	底	肚子	风景	共
出租车	大象	底下	断	封	狗
除了	大学	地点	队	扶	姑娘
处	大学生	地球	对面	父	故事
串	大爷	地上	对于	父母	刮
窗	大雨	地图	顿	父亲	挂
床上	呆	地下	躲	付	挂号
吹	袋	地址			挂号信
春风	戴	第	**E**	**G**	怪
春节	担心	第二	鹅	该	关机
从……	但	第三	儿童	改	关心
到……	但是	第一	而	盖	观看
从来	蛋糕	点心	而且	干杯	管
从小	当	电脑	**F**	干净	光
粗	当然	电影院	发出	赶	广场
醋	当时	店	发烧	赶紧	广州
错误	当作	参	发生	赶快	龟
D	刀子	顶	发现	敢	贵
答应	岛	订	法国	刚	滚
打车	倒	定	翻	钢琴	锅
打开	到处	丢	饭菜	搞	国内
			方便	告诉	

国外	后来	家庭	介绍	考试	离开
过来	后面	架	今	烤	李
过年	后天	嫁	今日	靠	里边
过去	候	尖	金	咳嗽	里面
H	胡子	捡	紧	可爱	理发
哈	湖	减	紧张	可是	力
还是	虎	剪	尽	客气	力气
还有	护照	简单	进来	客人	历史
孩儿	花园	见	进去	课文	厉害
海关	划	见到	进入	肯	立刻
海上	哗	见过	京	肯定	粒
海洋	滑	见面	经常	空气	连
害怕	欢迎	健康	经过	空调	脸
喊	换	江	井	空中	练
汗	灰	讲	景色	苦	练习
好多	灰色	奖	久	裤子	凉
好看	回答	交	救	夸	凉快
好朋友	回来	饺子	局	快递	俩
好听	回去	叫车	举	快乐	亮
好像	回信	觉	举行	快要	辆
号	或	教师	卷	**L**	林
合	或者	教室	咖喱	拉肚子	零
盒	**J**	接	**K**	落下	零钱
盒子	机	接着	卡	来到	另
黑板	急	街上	开房	狼	另外
嗨	挤	节目	开始	浪	留
嘿	记得	节日	开玩笑	老板	留下
很多	加油	结	开心	老朋友	留学
猴子	家具	结果	看到	乐	留学生
后边	家人	结婚	考	雷	流

龙	母亲	女生	**Q**	全	伤
楼下	母亲节	**O**	其他	全部	伤心
路口	木头	噢	其中	全国	上班
路上	**N**	**P**	奇怪	全身	上车
落	那边	爬	骑	却	上次
M	那个	爬山	起	裙子	上来
麻烦	那时候	拍	气温	群	上面
马路	那些	排	千万	**R**	上去
骂	那样	排球	前边	然后	烧
嘛	奶粉	盘	前面	人们	蛇
满	男孩	盘子	前天	人民币	伸
猫	男孩子	胖	浅	认为	身
帽子	男朋友	跑步	枪	扔	身边
么	男生	泡	强	日本	身份证
没关系	南边	泡泡	墙	日子	身上
没什么	难道	陪	抢	容易	深
眉	难过	朋友们	桥	如	神
眉毛	难受	碰	瞧	如果	升
每	脑袋	皮带	巧克力	入	生
每次	闹	啤酒	切	**S**	生病
每个	内	篇	亲爱	散步	生词
美国	嫩	便宜	琴	扫	生气
美丽	能够	片	青	嫂子	生日
美元	年纪	飘	青菜	色	声
门口	年轻	漂亮	清	杀	失去
蜜	娘	平时	晴天	沙	诗
面前	弄	苹果	请假	沙发	十分
秒	女孩	瓶	请进	沙子	石头
摸	女孩子	瓶子	区	啥	时候
母	女朋友	葡萄	圈	晒	食

食物	虽然	通知	晚会	希望	小时候
市	所	同	碗	习惯	小心
市场	所以	同时	王	洗	小学
事	所有	同意	王子	洗衣机	小雨
试	**T**	偷	网	洗澡	鞋子
是的	抬	投	网球	戏	写字
收到	太太	突然	往	细	谢
手机号	泰国	图	忘记	虾	心里
手里	探	涂	微信	下次	辛苦
首	糖	吐	围	下单	新年
首先	躺	兔	卫生	下来	信封
受	逃	兔子	卫生间	下面	信件
瘦	桃	团	味	下去	星
书本	套	腿	味道	下周	星星
输	踢球	退房	温度	吓	行
熟	题	拖	文	先	行李
数学	题目	脱	闻	先生	醒
刷	体育	**W**	问好	鲜花	姓名
甩	挑	娃	问路	现金	熊
帅	跳	娃娃	问题	线	宿舍
睡	跳舞	外边	窝	香	需要
睡觉	贴	外国	乌	响	许多
说话	铁	外卖	屋	想到	选
丝	听到	外面	无	想起	雪花
松	听话	弯	舞	向	血
送给	听说	完成	雾	小姑娘	**Y**
送信	听写	玩	**X**	小孩子	压
速度	停	玩具	西边	小路	鸭
酸	停车	晚安	吸	小区	鸭子
算了	挺	晚饭	吸管	小时	牙齿

呀
烟花
盐
颜色
眼镜
眼泪
阳光
阳台
养
样
样子
要求
腰
咬
药
要不
要是
叶
叶子
夜
夜晚
一半
一边
一点
一共
一块儿
一路
一下
一样

一直
衣服
姨
已
已经
以
以为
意大利
阴
音乐
银行
银行卡
饮料
印度
英国
英文
英语
迎
赢
硬
硬币
哟
由
邮局
邮票
油
游
游玩
游戏

游泳
有点
有空
有趣
有时候
有意思
有用
右边
右转
于
愉快
与
羽毛
羽毛球
雨水
元旦
园
原来
圆
院子
愿
愿意
约
月饼
运
运动

Z

砸
再

在家
脏
早安
早晨
早点
怎样
扎
炸
摘
长大
着火
着急
找
找钱
照
照相
折
这边
这次
这些
这样
针
真
阵
争
整个
正
正好
之

之后
支付宝
枝
知
知道
直
直到
植物
只能
只是
只要
只有
纸巾
纸条
指
指甲
中国人
终点
终于
周末
周围
猪
竹
竹子
煮
注意
祝
抓
抓住

转
装
撞
追
准
捉
桌子
紫
紫色
自
自动
字典
字母
总
走路
组
最好
最后
最近
左边
左拐
左右
作
作文
作业本
坐下
座位
做事

三级词语表

A

癌
爱情
爱人
安
安检
安排
安全带
俺
按摩
暗

B

拔河
白雪
白纸
百万
摆
败
拜年
搬
办
办公室
伴
绑
包括
薄
保安

保护
保姆
保重
报告
报警
报名
抱歉
背包
北方
贝
备
背后
背心
倍
奔
奔跑
本人
笨蛋
逼
比如说
必
毕业
臂
变成
标准间
表
表面

表情
表示
表现
表演
表扬
兵
丙
饼
病房
病人
拔
拔打
波
波浪
伯
伯父
伯母
博士
博物馆
补
补考
补课
补习
不得了
不够
不如
不许

不一定
不再
不准
部分

C

猜
才能
彩
菜谱
惨
操
操场
操心
曾
曾经
叉子
拆
产
产品
产生
长城
长度
长途
尝
抄
抄小路
超

超过
吵架
车次
扯
陈
晨
衬衣
趁
称
撑
成本
成功
成熟
城里
乘客
乘坐
橙色
橙汁
重新
抽
抽烟
丑
臭
出汗
出口
出色
出生

出院
初
初中
除
厨房
厨师
穿过
穿上
传
传说
窗户
窗口
床单
床铺
闯
纯
唇
词
此
葱
聪明
凑
粗心
催
村
存折

D

搭
达
答案
打包
打表
打工
打算
打招呼
打针
大部分
大方
大概
大会
大量
大赛
大声
大事
大堂
大约
待
代
带来
单
单词
单间
淡
挡
当成
当年

当天
荡
倒霉
到达
道理
道歉
的话
灯笼
登
登机
登机口
登机牌
登记
等待
的确
底价
地区
电器
掉
盯
订单
订房
订机票
定金
东方
动手
动手术
冻
栋
斗

豆腐
豆浆
豆沙
逗
毒
独
堵
堵车
度
度过
段
锻炼
队长
对方
对手
多云
夺

E

额头
恶心
儿童节

F

发票
罚
法
发型
烦
反
反对
反正

饭馆
方
方法
放手
放松
放心
飞行
飞往
非
肥
费
分开
分手
分数
分之
粉
粉丝
份
疯
峰
蜂蜜
夫妻
夫人
服
服务
服务员
服装
浮
幅
福

辅导
付款
附近
复习
副

G

改变
感到
感动
感激
感觉
感冒
感情
感人
感谢
干脆
港
高尔夫
高级
高烧
高手
高中
糕
告别
咯
割
歌词
歌迷
歌手
歌星

隔
个人
各位
各种
工人
工资
公司
公主
功
功夫
功课
共同
供
勾
购买
购物卡
够
姑姑
古
古代
谷
股
骨
骨头
鼓掌
故意
顾客
乖
拐
拐弯

怪不得	好人	欢迎光临	计划	降低	精
关闭	好日子	环	计算机	交给	景
观察	好事	换成	记住	交通	景点
观众	好玩	黄金	技术	郊区	警
馆	好运	回头	继续	叫做	警察
冠军	号码	会话	加入	教书	竞
广	合适	会员	家电	教学	竞然
广告	黑白	会员卡	家伙	接到	静
逛	恨	浑身	家务	接近	镜
归	红包	活动	家乡	接受	酒吧
鬼	红灯	火锅	甲	接听	救护车
柜子	红酒	货	假	接下来	救命
国际	红绿灯	获得	假期	街	舅舅
国庆	后悔		价格	街道	居然
果	后门	**J**	价钱	结束	居住
果然	呼	机会	煎	结账	举办
果汁	呼吸	机器	检查	姐妹	据
过道	胡	机主	简直	解	据说
过分	壶	基本	建	戒	聚
过关	互相	激动	建立	金钱	决定
过期	户	及	建筑	仅	决心
	护	及格	健身	尽力	绝
H	护士	及时	健身房	进步	觉得
海里	华语	吉他	将	进攻	军
害羞	滑冰	级	将来	进行	
韩国	滑雪	极	讲话	进口	**K**
寒	化	即	讲台	劲	开车
寒冷	画家	集	奖金	经	开会
汉	画面	集中	奖品	惊	开机
航班	坏人	计	降	惊喜	开课
好处		计程车			开药

145

砍	来得及	邻居	馒头	名片	泥
砍价	拦	灵	满意	明明	泥巴
看好	篮	零下	慢车	明显	泥土
看来	烂	领	慢慢	明星	年龄
看起来	浪费	溜	毛病	明月	年前
看上去	老大	溜冰	毛衣	命	年轻人
靠近	老家	留言	没想到	命令	念
科	老是	留言条	玫瑰	摩托车	牛排
可怜	雷电	流血	梅	磨	扭
可惜	类	榴梿	煤气	陌生	农民
渴	冷气	龙虾	美发	没收	浓
刻	离婚	楼梯	美金	某	努力
客	礼	喽	美女	目前	暖
客厅	礼拜	路过	美容	**N**	暖和
课堂	礼貌	露	美食	拿手菜	暖气
口红	理	轮	美味	哪怕	女士
口罩	理由	罗	闷	奶茶	女子
扣	力量	落地	门票	耐心	**P**
酷	立	旅	蒙	男女	拍照
快车	立即	旅馆	猛	男士	排队
快件	联系	旅行	梦	男子	牌
狂	脸色	旅客	迷	南北	牌子
亏本	量	旅游	迷路	南方	派
困	聊	绿灯	米粉	难得	派对
困难	聊天	**M**	秘密	难怪	胖子
L	了不起	麻辣	密码	难题	泡茶
蜡烛	了解	马桶	面部	脑	泡面
辣	料	埋单	灭	脑子	炮
辣椒	列车	麦	民	能否	批
来不及	猎人	麦子	名牌	能力	批发价

批评	签字	**R**	色彩	尸体	数量
皮肤	前女友	让座	沙滩	失败	数字
脾气	前台	绕	纱	失望	刷子
匹	钱包	惹	纱布	师	耍
屁	巧	热闹	傻	师父	帅哥
屁股	亲	热情	伤口	师傅	双方
偏	亲爱的	热心	商场	十一	双人间
片子	亲自	人家	商量	十字路口	霜
骗	清楚	人间	赏	时刻	爽
漂	情	人口	上帝	时钟	水平
拼	情况	人类	上天	食品	睡着
拼音	晴朗	人民	上网	使用	顺利
品牌	请客	人数	上涨	市区	说不定
平	请求	人员	稍	似乎	司机
平安	求	忍	少年	事情	思
平方米	球场	认	少女	试衣间	死亡
平米	球队	任	射	是否	四季
平信	球迷	仍然	身高	收银台	寺
坡	区别	日历	甚至	手术	送货
铺	曲	如何	升高	守	送机
Q	曲子	如今	生产	受伤	送客
妻子	泉	入口	生活	售	搜
期末	拳	软	生命	兽	苏
其	拳击	软卧	生意	书信	随
其实	拳头	**S**	省	叔	随便
奇	劝	塞	胜	舒服	随时
骑车	缺	赛	胜利	蔬菜	碎
起飞	缺点	散	盛	属	孙
牵	缺少	嗓子	剩	属于	孙子
签		嫂嫂	剩下	薯条	缩小

T

他人
塔
台湾
太空
摊
弹
谈
谈恋爱
堂
烫
趟
逃跑
桃花
讨论
讨厌
套房
特
特别
特产
特快
特色
特意
疼爱
疼痛
提出
提高
提起
提前
提醒

体温
替
天才
天地
天下
添
填
调
调高
跳绳
铁路
厅
听课
停车场
通
通过
同样
同志
痛苦
头等舱
头疼
头痛
透
图画
图片
土地
退
退步
退票
吞

托
拖鞋

W

外币
外语
完全
玩笑
晚点
汪
网络
网上
网页
网站
危险
微小
微笑
为止
尾
尾巴
未
位于
位置
位子
温暖
温泉
文具
文字
喔
卧
卧铺

卧室
无法
吴
武术
舞蹈
舞会
舞台
物
误会

X

西餐
西方
喜
喜酒
系
下班
仙
鲜
闲
现
现代
相
相反
相信
香港
香烟
箱
想不到
想法
想念

向前
项
橡皮
相机
消毒
消化
消失
消息
小伙子
小两口
小票
小说
小意思
小子
校长
笑话
写作
心情
心脏
新房
新款
新郎
新娘
新鲜
信箱
信心
信用卡
兴奋
腥
形成

形状
兴趣
幸福
幸好
性别
凶
兄
兄弟
雄
休息
修
秀
需
许
宣布
学院
寻

Y

丫
丫头
压力
亚
亚洲
烟
严格
严重
严言
眼光
眼神
演

演出	以及	有关	再次	正常	重要
演员	以来	有名	再说	正确	朱
杨	以上	余	赞	正式	珠
邀请	意	语	早餐	挣	主
摇	意见	语法	造	之间	主人
药物	意思	语言	造句	之内	主要
要不然	因	玉	则	之前	主意
要不是	因此	浴室	怎	之外	助
要么	音	遇	占	之一	住院
钥匙	银	遇到	战	汁	祝福
耶	引	遇见	站台	知识	著名
也许	印	遇上	站住	直拨	抓紧
野	英	员	张开	直达	专门
夜宵	应	原	涨	直线	砖
一般	影	原谅	掌	值	砖头
一等奖	硬卧	原因	掌声	值得	转告
一家人	硬座	院	丈	植物园	转接
一刻	永远	院长	丈夫	只不过	转账
一面	勇敢	月光	仗	止	准备
一切	用处	月嫂	账	纸张	准确
一生	优	月租	账户	至	紫菜
一时	优点	越	招	治	自从
一下子	优秀	越来越	找对象	中餐	自然
一眼	尤其	云朵	找零	中毒	自杀
一早	由于	运动会	照相机	中介	自习
医	邮件	运动员	折扣	中秋	字条
依	邮政编码	**Z**	者	中秋节	总是
姨妈	油条	咋	整	中心	总台
移	游客	仔	整天	种子	总之
乙	友情	仔细	整整	重量	粽子

149

足	嘴唇	醉	尊敬	做客
钻石	最终	尊	作为	做人

四级词语表

A	保	本地	病情	测	程
艾	保持	本科	播	差距	惩罚
爱心	保存	本身	博	长处	秤
安慰	保管	本事	捕	长期	吃饱喝足
安装	保留	比例	不敢当	长寿	持
按时	保密	彼此	不可	肠	冲动
按照	保鲜	笔试	不肯	尝试	重播
暗示	保险	必修	不满	厂长	重复
奥林匹克	保证	必要	不然	场馆	抽血
B	保质期	毕竟	不止	畅销	出差
拜见	报仇	毕业生	布置	唱片	出场
拜托	报酬	闭卷	部队	潮湿	出行
颁奖	报到	避	部门	车位	出局
搬家	报销	编	C	车厢	出示
办理	报站	便条	财	称呼	出事
办手续	抱怨	标	财物	称赞	出售
榜	豹	标价	裁判	成果	出走
包裹	暴	表达	参赛	成交	初次
包裹单	爆	表格	仓	成立	初恋
包含	爆炸	表明	苍白	成亲	除非
包装	悲哀	别墅	操作	成长	除夕
宝贵	悲观	别扭	曹	承认	处理
宝剑	背影	病毒	侧	乘务员	川

穿着
传奇
传染
传送带
传统
创
凑热闹
存款
存在
错过

D

达到
答复
打扮
打扰
打听
大厨
大师
代表
带领
带路
丹
单程
单独
单身
单位
单元
单子
耽误
胆

导航
导师
导游
倒是
倒数
盗版
德
灯谜
敌
地道
地震
帝国
点滴
电视剧
电子
殿
调查
掉头
碟
丁
抖音
独自
读物
读音
赌
度假
端午
端午节
短跑
对象

兑
兑换
炖

E

恶性
恩
儿女

F

发病
发财
发放
发挥
发誓
发炎
发音
发展
罚款
烦恼
反击
反应
犯
饭盒
方面
方式
方位
方向盘
防
放不下
放过
放弃

非得
肥胖
肺
废
废话
丰富
风暴
风力
风水
风味
风向
疯狂
疯子
缝
凤
佛
否
否则
伏
扶手
服务台
服用
付出
负
负责
复杂
富
富有

G

肝

感受
岗位
高峰期
高温
告
告辞
哥们儿
格
隔离
根本
根据
更衣室
工
工程师
工作人员
公共
功夫片
功能
攻
攻击
宫
恭喜
购物
股票
骨肉
鼓励
关系
关于
观
观光

官
管理
惯
光临
归来
规定
闺蜜
柜台
贵姓
贵重
跪
棍
棍子
郭
国产
国籍
过程
过错
过奖
过日子

H

害
韩
杭州
航空
毫无
豪华
喝喜酒
合唱
合理

合同	回忆	价位	接通	镜头	课程
合作	汇	驾	接吻	究竟	空间
何	汇款	驾驶	结合	就算	孔
何必	汇款单	坚持	睫毛	巨星	恐怖
贺	会面	坚强	解答	拒绝	恐怕
横	会议	减肥	解决	具体	控制
横冲直撞	婚礼	减速	解释	距离	口试
哄	婚姻	简历	介意	聚会	口味
后备厢	混	建议	戒指	决赛	库
呼喊	货比三家	剑	届	角色	夸张
呼救	货币	将军	界	绝对	宽敞
狐朋狗友	货物	姜	金额	君	款
糊涂	**J**	讲价	紧急	**K**	款式
户口	击	奖励	尽管	开除	旷课
户外	吉	降价	尽快	开刀	**L**
户型	即将	降落	尽量	开饭	来电
化验	急诊	降温	近来	开放	来自
话说	计时	酱	禁	开户	郎
怀	记录	交费	经济	开张	朗读
怀疑	记性	交换	经济舱	看望	浪漫
怀孕	记者	交流	经理	康复	牢
环境	纪念	郊外	经验	康乃馨	老板娘
换乘	季	娇	精彩	考虑	老人家
换台	季节	焦	精神	烤肉	老实
换药	既然	角度	警告	磕	老远
患	寄存	教练	净	可不是	老子
皇帝	寄件人	教授	竞赛	可靠	乐观
黄牛	加班	教训	竞争	可口	冷静
恢复	加速	教育	敬	刻苦	离别
回复	加油站	接风	敬礼	客房	礼节

理解	露水	民工	农场	评	亲热
理想	论	名次	农历	凭	亲生
立正	啰唆	名单	怒	婆	秦
利息	落后	名额	怒火	婆婆	清单
利用	旅行社	名贵	**O**	普	清明
例子	旅途	明信片	欧元	普通	清明节
莲	略	末	欧洲	普通话	情感
联合	**M**	陌生人	呕吐	**Q**	情人
廉价	麻	莫	偶像	妻	请帖
炼	码	墨	**P**	期	庆
恋	买卖	默写	拍打	期中	庆祝
恋爱	迈	目的	拍戏	欺负	求婚
良	蛮	幕	排名	企业	求救
梁	满足	**N**	判断	起立	求职
列	慢用	乃	盼望	起码	求助
列车员	梅花	耐	胖乎乎	起跑线	球赛
裂	美好	耐力	泡沫	气愤	区分
临时	梦想	闹新房	泡妞	气候	取消
零售	迷人	内部	赔	器	去世
领导	秘书	内科	佩服	千方百计	权
领取	密	内容	配	签名	全力
流行	蜜月	内心	碰面	签证	全面
流浪	免	能干	批发	欠	全球
柳	免费	腻	骗子	强大	泉水
龙舟	面对	年代	拼命	强烈	劝说
陆	面积	年薪	拼写	强项	确定
录	面试	尿	品	墙壁	确认
录取	面子	柠檬	平常	抢救	确实
录像	苗	宁可	平等	瞧不起	确诊
录音	苗条	宁愿	平均	巧妙	

R

燃烧
让步
饶
热烈
热门
热腾腾
人才
人工
人生
人心
忍不住
忍受
任何
任务
日期
荣
容
肉体
如此
入境
弱
弱点

S

撒
撒谎
塞车
赛车
扫描
刹车

傻子
善
善良
善于
烧饼
稍后
稍微
舍得
设
申请
身材
身份
深圳
什
神经
甚
圣诞
圣诞节
尸
失
失恋
失踪
时机
实惠
实名制
实习
实用
实在
士兵
世

世界
市民
式
似的
事件
事先
视
适合
室
收费
收入
收拾
手枪
手续
手续费
受到
售后服务
售货员
售价
售票
售票员
书法
书房
书柜
书籍
输入
输血
输赢
熟练
熟悉

涮
双休日
水分
税
顺
顺便
顺路
说明
私人
思考
宋
送礼
俗
俗气
素
酸菜
算术
随意
岁数
岁月
孙悟空
损坏
损失
缩短

T

台风
太极拳
太子
态度
泰

贪
贪心
谈话
唐
唐人街
塘
逃课
淘汰
讨价还价
套餐
特长
特地
特快专递
特殊
腾
提包
提供
提示音
提问
提早
体
体检
体力
体质
天长地久
天亮
天生
天堂
甜品
填写

挑战
条件
调味
调整
听力
停留
通话
同事
童
投降
透明
突
徒弟
团购
团体票
团圆
推迟
推出
推倒
退换
退休
托运

W

瓦
外地
外汇
外科
外貌
丸
完蛋

完美	武	心理	血管	业主	影子
晚餐	打	心跳	血压	液体	拥挤
万事如意	武器	心意	寻找	一辈子	拥有
万一	物品	欣赏	训练	一带	泳衣
旺	物体	新春	迅速	一旦	勇
望子成龙	误解	新人		一帆风顺	勇气
威力	**X**	新闻	**Y**	一流	勇士
微	吸引	薪水	压岁钱	一路平安	用餐
为何	息	信号	押金	一线	用功
为人	喜好	信息	烟火	一向	优惠
唯一	喜事	醒来	延期	仪	邮
伟大	喜糖	行动	延长	姨夫	邮编
未来	瞎	行李单	严	移动	邮递员
味精	嫌弃	兴	严禁	以外	邮寄
胃	显示	幸运	沿	亿	邮政
文化	现场	性格	演唱	义	油水
文件	线条	性子	演戏	忆	油炸
文学	相差	凶手	宴会	易	游览
吻	相关	休假	燕	意外	友
问候	相互	绣	燕子	阴历	友人
乌龟	香水	须	羊毛	音量	友谊
乌鸦	香味	虚	阳	银子	有限
污染	想象	虚心	阳历	饮	于是
无敌	项链	嘘	洋	饮食	语句
无力	消	徐	养生	迎接	玉石
无聊	消炎	旋转	样品	营	预报
无论	销量	选手	妖	影片	预订
午餐	小弟	选择	遥控器	影视	预定
伍	小贩	学分	药品	影响	预习
武	孝	雪糕	要紧	影星	元宵
	蟹		也就是说		

元宵节	早退	真实	止痛药	柱子	棕色
原本	造成	真是的	至少	祝贺	总额
原先	责任心	真心	至于	祝愿	总共
圆珠笔	贼	诊所	志	著	总冠军
缘	增	镇	质量	专	总计
约会	增加	镇子	治疗	专递	总监
月份	增长	争气	致	专家	总经理
月票	炸弹	争取	智	专业	总统
月台	占线	蒸	中药	转机	揍
月薪	战士	正月	终	转弯	租
乐队	战友	整点	终身大事	赚	租金
岳父	战争	整数	肿	赚钱	足够
岳母	站点	证	众	装饰	族
晕	章	证件	州	装修	祖先
晕倒	长相	证明	周到	准时	钻
允许	涨价	证书	周年	资料	最佳
运气	帐	郑	洲	子女	罪
Z	账单	挣钱	粥	自动取款机	尊重
杂	招呼	支持	主办	自私	作品
在下	招牌	支出	主持	自卫	做东
在于	召开	支付	主动	自我	做生意
暂时	赵	支票	主角	自信	
暂停	照顾	脂肪	主人公	自学	
赞美	照射	直播	主任	自由	
糟	着凉	直接	主食	字词	
糟糕	珍贵	职业	助手	棕	

五级词语表

A

案
案件
案子
暗恋
暗中

B

把手
白痴
百年
拜访
班机
版
伴侣
绑架
包场
包涵
包围
煲
保修
保养
报答
报价
报考
爆发
爆竹
背叛

必定
必然
贬值
便利
标志
标准
表白
冰雹
薄弱
补偿
补充
补救
补助
步骤

C

猜测
材
财产
采访
蔡
参与
餐车
舱
测试
测验
场所
超级

超速
超重
车间
车库
彻底
臣
成家
诚
痴呆
持有
冲刺
冲锋
崇拜
重返
重阳节
宠爱
仇
出产
出卖
出演
处方
创造
春联
辞
辞退
辞职
刺激

赐
促销

D

搭档
歹徒
贷款
待遇
当初
档
党
导
导演
到期
道谢
得罪
抵
抵达
地段
地狱
店铺
订购
订婚
订货
定期
董事长
独身
赌博

杜
兑现

E

额外
恶化
而已

F

发布
发育
法郎
法律
法院
翻译
繁忙
反超
犯法
犯罪
范
范围
防守
仿制
仿制药
访问
放行
飞翔
费用
分期

分享
吩咐
奋斗
丰
风俗
风云
服从
符合
府
复查
复合
副作用
腹

G

改签
干旱
干燥
高超
羹
公开
公寓
功力
恭候
沟通
辜负
古典
古董

股东
股份
骨干
骨气
顾
雇
挂念
怪兽
关键
关照
规矩
规则
闺女
贵宾
过敏

H

海运
行业
好感
好评
合法
合约
和平
和尚
核对
核实
核心
红娘
后会有期
呼吸机

胡说
户头
化妆
患者
皇后
皇上
悔
毁
毁灭
汇率
会见
会谈
昏迷
婚纱
混合
活期
获胜

J

积分
积极
基地
急性
集团
记忆
纪录
剂
家教
家属
价值
驾照

奸
监考
监狱
兼职
简短
见外
贱
健美
江湖
讲究
交代
交易
郊游
叫早
较量
教堂
接待
接替
节奏
杰出
结局
截止
截至
解散
筋
进度
京城
经典
经历
精通

警官
警卫
久仰
救援
救助
就诊
居室
局长
咀嚼
剧
剧院

K

开工
开卷
开演
考核
考验
科幻
科技
客户
恳求
空军
空运
口音
扣除

L

来宾
老实说
老爷
勒

累计
理睬
利率
例
联
恋人
临街
留意
鲁
路况
路人
路线
露营
旅程
律师
率

M

马力
脉
漫长
盲
没准
美满
美妙
美人鱼
面膜
描
民歌
民间
敏感

名胜古迹
命运
膜
摩
魔
魔术
目标
幕后

N

难以
内地
逆
逆反
年终
念书
酿
奴
诺贝尔
诺言

P

拍卖
拍摄
判
陪伴
赔偿
佩戴
配合
配音
碰见
碰巧

批改	亲戚	纱窗	试用	铁道	温室
批准	亲情	擅长	收据	庭	温习
偏心	青春	伤害	手下	通常	文本
片面	清洁	商家	手艺	通道	文笔
票房	清爽	商业	寿	头脑	文采
贫	情节	赏光	输液	投诉	文明
品味	情侣	赏脸	数额	突发	文凭
品质	情绪	上场	数据	徒	稳定
评委	请教	上头	说服	团队	握手
评选	娶	上映	私	团体	无所谓
婆婆妈妈	全职	捎	思念	团长	武侠
破费	群众	设备	思想	推荐	舞弊
谱	**R**	设计	送别	推拿	勿
Q	染	设计师	送行	退休金	物业
期待	热带	社区	搜索	**W**	**X**
期间	人力	摄氏度	苏醒	外企	牺牲
期望	人品	摄影	酥	湾	稀
启	人情	神秘	速	玩意	稀少
气色	忍耐	审	随身	王朝	席
气象	认错	肾	缩水	王牌	媳妇
弃	任性	生动	**T**	往返	喜剧
器官	日程	生理	胎	旺季	细胞
牵挂	日语	生前	太平	危急	吓唬
签收	荣幸	生死	瘫痪	威风	鲜艳
前辈	若	生育	谈论	违反	嫌
前途	**S**	胜出	痰	伟	现实
强迫	撒娇	时代	坦白	尾款	限
抢劫	赛事	始终	探望	卫	限制
乔	扫墓	势力	逃亡	卫视	线路
翘课	僧	事业	提议	魏	相处

相当	学历	遗憾	预约	障碍	制
相亲	学位	遗失	愈	招待	制定
相遇	**Y**	义气	园丁	照看	质
消费	压惊	义务	员工	折腾	质地
晓得	压制	艺	原则	着呢	质问
孝顺	押	艺人	缘分	珍	致敬
效果	雅	艺术	约定	珍重	智慧
协议书	延迟	议论	月初	真情	智力
邪门	延误	毅力	**Z**	真人秀	智能
心思	严肃	印象	灾害	震	中央
心态	炎	英雄	灾难	震动	忠心
心想事成	炎症	营业	在乎	镇静剂	钟点
心愿	研究	营业员	在意	镇压	肿瘤
信号灯	掩护	影像	暂	争论	众多
信任	演技	应答	赞助	争议	周边
行程	厌倦	应急	早晚	正版	皱
行程单	宴	佣人	责任	正经	皱纹
行为	宴请	用心	怎么着	证据	住宿
型号	宴席	优良	宅	挣扎	转交
幸	样式	油画	债	症	转移
幸会	妖精	有效	债务	症状	妆
性	摇滚	余额	斩	直径	庄
休	药方	余下	展开	值班	追求
休养	野外	娱乐	展览	值日	捉弄
修复	野心	娱乐圈	占有	职务	资格
秀气	一言为定	宇宙	战场	职责	资金
需求	医学	雨季	战术	指责	滋润
许愿	依靠	预备	长官	志气	自驾游
旋律	依然	预防	掌握	志向	自由行
选修	移民	预先	帐篷	志愿	自尊

字幕	租客	祖	作弊
走私	组织	尊贵	做主

六级词语表

B	承担	叮嘱	公事	家族	可观
白头偕老	承诺	动机	公务	检测	刻意
保健	承受	动员	恭维	检验	**L**
保守	持续	栋梁	故障	检疫	来访
保佑	出道	堵塞	顾问	剪彩	类型
保障	出具	**E**	关注	见识	理财
报导	出席	额度	**H**	见证	利润
报道	储蓄	恩怨	海拔	讲解	联络
报关	传达	**F**	寒暄	交际	疗效
爆破	创意	方案	行政	焦虑	灵感
悲剧	创作	房贷	合伙	阶段	录用
背景	纯洁	分红	和睦	接风洗尘	履历
本色	催促	分配	护理	劫	**M**
陛下	存根	分析	婚介	解救	贸易
病症	**D**	风险	婚约	金融	描述
补贴	代理	封锁	火候	经营	庙会
C	代理权	敷	**J**	精英	民航
财务	怠慢	福利	积蓄	竞聘	模拟
槽	担保	**G**	基金	剧本	**N**
策略	档次	改造	激情	决战	内服
撤离	导致	概念	纪念日	**K**	年华
成品	抵押	感恩	技能	开明	**P**
诚意	典型	高额	继承	考勤	拍档

排斥	**S**	体面	销售	殷勤	指教
叛逆	商务	体能	协议	银幕	指示
培训	设施	挑食	协助	引导	制度
培养	社会	条款	携带	隐私	质疑
烹饪	申报	调理	心声	应酬	致辞
频道	审批	跳槽	新陈代谢	应聘	秩序
聘用	生效	通讯	薪酬	应邀	忠诚
评估	胜任	投递	薪资	佣金	诸位
评价	盛情	投资	信用	优厚	主管
破产	时空	透支	信用证	优势	主题
Q	实名	团聚	形式	瑜伽	主席
期盼	使命	推测	形势	预警	助理
齐全	世纪	推销	型	袁	注定
奇迹	收益	脱离	虚伪	原理	注销
洽谈	手法		血缘	源头	专程
签署	守护	**W**			专辑
签约	售后	外贸	**Y**	**Z**	转播
青梅竹马	瘦身	威胁	验	造型	状况
情报	舒适	维持	验收	赠送	追踪
请示	税金	维修	仰慕	招聘	咨询
庆贺	硕士	稳重	要点	诊断	资产
缺席	肆		业绩	拯救	资历
确切	素质	**X**	业务	政府	资源
R	速递	习俗	一见钟情	支援	资助
人格	所谓	系统	依赖	执行	总裁
人事		下榻	仪式	执照	纵容
人质	**T**	嫌疑	艺术家	职位	钻研
任职	谈判	线索	议程	职员	
入境单	逃避	享受	意向	指导	
	提成	响应	意志	指定	
	提升	项目	阴冷	指挥	
		消耗			